ORESTE,

TRAGEDIE.

ORESTE,
TRAGÉDIE.

par M. de Voltaire.

A PARIS, RUE S. JACQUES.

Chez { P. G. LE MERCIER, Imprimeur-Libraire, au Livre d'or.
M. LAMBERT, Libraire.

M. D. CC. L.

AVIS AU LECTEUR.

L'Auteur des ouvrages qu'on trouvera dans ce volume, se croit obligé d'avertir encore les gens de lettres, & tous ceux qui se forment des cabinets de livres, que de toutes les éditions faites jusqu'ici en Hollande & ailleurs de ses prétendues Œuvres, il n'y en a pas une seule qui mérite la moindre attention, & qu'elles sont toutes remplies de piéces supposées ou défigurées. Il n'y a guères d'années qu'on ne débite sous son nom des ouvrages qu'il n'a jamais vûs : & il apprend qu'il n'y a guères de mois où l'on ne lui impute dans les Mercures quelque piéce fugitive qu'il ne connaît pas davantage. Il se flatte que les lecteurs judicieux ne feront pas plus de cas de ces imputations continuelles que des critiques passionnées dont il entend dire qu'on remplit les ouvrages périodiques.

Il ne fera qu'une seule réfléxion sur ces critiques, c'est que depuis les obser-

vations de l'Académie sur le Cid, il n'y a pas eu une seule piéce de théâtre qui n'ait été critiquée, & qu'il n'y en a pas une seule qui l'ait bien été. Les observations de l'Académie sont depuis plus de cent ans la seule critique raisonnable qui ait paru, & la seule qui puisse passer à la postérité : la raison en est qu'elle fut composée avec beaucoup de tems & de soin par des hommes capables de juger, & qui jugeoient sans partialité.

A

SON ALTESSE SERENISSIME

MADAME LA DUCHESSE

DU MAINE.

ADAME,

Vous avez vû paſſer ce ſiécle admirable,
à la gloire duquel vous avez tant contribué
par votre goût & par vos exemples, ce
ſiécle qui ſert de modéle au nôtre en tant de
choſes, & peut-être de reproche, comme il

a iv

en fervira à tous les âges. C'eſt dans ces tems illuſtres que les Condés vos aïeux cou-verts de tant de lauriers , cultivoient & encourageoient les arts ; où un Boſſuet im-mortaliſoit les héros & inſtruiſoit les rois ; où un Fenelon , le ſecond des hommes dans l'éloquence & le premier dans l'art de ren-dre la vertu aimable , enſeignoit avec tant de charmes la juſtice & l'humanité ; où les Racines , les Deſpréaux préſidoient aux bel-les-lettres, Lulli à la muſique, le Brun à la peinture. Tous ces arts , MADAME , furent accueillis ſur-tout dans votre palais. Je me ſouviendrai toujours que preſque au ſortir de l'enfance j'eus le bonheur d'y entendre quelquefois un homme dans qui l'érudition la plus profonde n'avoit point éteint le gé-nie , & qui cultiva l'eſprit de Monſeigneur le Duc de Bourgogne , ainſi que le vôtre & celui de M. le Duc du Maine ; travaux heu-reux dans leſquels il fut ſi puiſſamment ſe-condé par la nature. Il prenoit quelquefois devant V. A. S. un Sophocle , un Euripide ;

il traduisoit sur le champ en français une de leurs tragédies. L'admiration, l'entoufiafme dont il étoit faifi, lui infpiroit des expreffions qui répondoient à la mâle & harmonieufe énergie des vers grecs, autant qu'il eft poffible d'en approcher dans la profe d'une langue à peine tirée de la barbarie, & qui polie par tant de grands auteurs, manque encore pourtant de précifion, de force & d'abondance. On fçait qu'il eft impoffible de faire paffer dans aucune langue moderne la valeur des expreffions grecques ; elles peignent d'un trait ce qui éxige trop de paroles chez tous les autres peuples. Un feul terme y fuffit pour repréfenter ou une montagne toute couverte d'arbres chargés de feuilles , ou un Dieu qui lance au loin fes traits , ou les fommets des rochers frapés fouvent de la foudre. Non-feulement cette langue avoit l'avantage de remplir d'un mot l'imagination ; mais chaque terme, comme on fçait, avoit une mélodie marquée , & charmoit l'oreille , tandis qu'il étaloit à l'efprit de grandes peintures. Voilà pourquoi toute traduction d'un poëte grec est toujours faible, séche & indigente. C'est du caillou & de la brique avec quoi on veut imiter des palais de porphire. Cependant M. de Malesieu, par des efforts que produisoit un entousiasme subit, & par un récit véhément, sembloit suppléer à la pauvreté de la langue, & mettre dans sa déclamation toute l'ame des grands hommes d'Athènes. Permettez-moi, MADAME, de rappeller ici ce qu'il pensoit de ce peuple inventeur, ingénieux & sensible qui enseigna tout aux Romains ses vainqueurs, & qui longtems après sa ruine & celle de l'empire Romain, a servi encore à tirer l'Europe moderne de la grossiere ignorance.

Il connoissoit Athènes mieux qu'aujourd'hui quelques voyageurs ne connoissent Rome après l'avoir vue. Ce nombre prodigieux de statues des plus grands maîtres, ces colomnes qui ornoient les marchés publics, ces monumens de génie & de grandeur, ce théâtre superbe & immense bâti dans une grande place entre la ville & la citadelle, où les ouvrages des Sophocles & des Euripides étoient écoutés par les Périclès & par les Socrates, & où de jeunes gens n'aſſiſtoient pas debout & en tumulte, en un mot tout ce que les Athéniens avoient fait pour les arts en tous les genres, étoit préſent à ſon eſprit. Il étoit bien loin de penſer comme ces hommes ridiculement auſtères & ces faux politiques qui blâment encore les Athéniens d'avoir été trop ſomptueux dans leurs jeux publics, & qui ne ſçavent pas que cette magnificence même enrichiſſoit Athènes, en attirant dans ſon ſein une foule d'étrangers qui venoient l'admirer, & prendre chez elle des leçons de vertu & d'éloquence.

Vous l'engageâtes, MADAME, cet homme d'un eſprit preſque univerſel, à traduire avec une fidélité pleine d'élégance & de force l'Iphigénie en Tauride d'Euripide. On la repréſenta dans une fête qu'il eut l'honneur de donner à V. A. S. fête digne de celle qui la recevoit & de celui qui en faiſoit les honneurs; vous y repréſentiez Iphigénie. Je fus témoin de ce spectacle ; je n'avois alors nulle habitude de notre théâtre français ; il ne m'entra pas dans la tête qu'on pût mêler de la galanterie dans ce sujet tragique ; je me livrai aux mœurs & aux coutumes de la Gréce, d'autant plus aisément qu'à peine j'en connaiſſois d'autres ; j'admirai l'antique dans toute ſa noble ſimplicité. Ce fut-là ce qui me donna la premiere idée de faire la tragédie d'Œdipe , ſans même avoir lû celle de Corneille. Je commençai par m'eſſayer en traduiſant la fameuſe ſcène de Sophocle, qui contient la double confidence de Jocaſte & d'Œdipe. Je la lus à quelques-uns de mes amis qui fréquentoient les ſpectacles , & à quelques acteurs ; ils m'aſſurerent que ce morceau ne pourrait jamais réuſſir en France ; ils m'exhorterent à lire Corneille, qui l'avoit ſoigneuſement évité, & me dirent tous que ſi je ne mettois à ſon exemple une intrigue amoureuſe dans Œdipe , les comédiens même ne pourraient pas ſe charger de mon ouvrage. Je lus donc l'Œdipe de Cor-

neille, qui fans être mis au rang de Cinna &
de Polieucte, avoit pourtant beaucoup de ré-
putation. J'avoue que je fus révolté d'un bout
à l'autre : mais il fallut céder à l'exemple & à
la mauvaise coutume. J'introduifis au milieu
de la terreur de ce chef-d'œuvre de l'antiquité, non pas une intrigue d'amour , l'idée m'en
paraissoit trop choquante , mais au moins le
ressouvenir d'une passion éteinte : je ne répé-
terai point ce que j'ai dit ailleurs sur ce sujet.

V. A. S. se souvient que j'eus l'honneur de
lire Œdipe devant elle ; la scène de Sophocle
ne fut assurément pas condamnée à ce tribu-
nal ; mais vous & M. le cardinal de Polignac
& M. de Maleſieu & tout ce qui compo-
foit votre cour , vous me blamâtes univer-
fellement & avec très-grande raiſon d'avoir
prononcé le mot d'amour dans un ouvrage
où Sophocle avoit ſi bien réuſſi ſans ce malheureux ornement étranger ; & ce qui ſeul
avoit fait recevoir ma piéce fût préciſément
le ſeul défaut que vous condamnâtes.

Les comédiens jouerent à regret l'Œdipe

dont ils n'espéroient rien. Le public fut entierement de votre avis ; tout ce qui étoit dans le goût de Sophocle fut applaudi généralement, & ce qui ressentoit un peu la passion de l'amour fut condamné de tous les critiques éclairés. En effet, MADAME, quelle place pour la galanterie que le parricide & l'inceste qui désolent une famille, & la contagion qui ravage un pays ? & quel exemple plus frappant du ridicule de notre théâtre & du pouvoir de l'habitude, que Corneille d'un côté qui fait dire à Thésée : *Quelque ravage affreux qu'étale ici la peste, l'absence aux vrais amans est encore plus funeste.* Et moi qui, soixante ans après lui, viens faire parler une vieille Jocaste d'un vieil amour ; & tout cela pour complaire au goût le plus fade & le plus faux qui ait jamais corrompu la littérature.

Qu'une Phedre, dont le caractère est le plus théatral qu'on ait jamais vû, & qui est presque la seule que l'antiquité ait représentée amoureuse ; qu'une Phedre, dis-je, étale les fureurs de cette passion funeste ; qu'une

Roxane dans l'oisiveté du serrail, s'abandonne à l'amour & à la jalousie ; qu'Ariane se plaigne au ciel & à la terre d'une infidélité cruelle ; qu'Orosmane tue ce qu'il adore, tout cela est vraiment tragique. L'amour furieux, criminel, malheureux, suivi de remords, arrache de nobles larmes. Point de milieu : il faut, ou que l'amour domine en tiran, ou qu'il ne paraisse pas ; il n'est point fait pour la seconde place. Mais que Néron se cache derriere une tapisserie pour entendre les discours de sa maitresse & de son rival ; mais que le vieux Mithridate se serve d'une ruse comique pour sçavoir le secret d'une jeune personne aimée par ses deux enfans ; mais que Maxime, même dans la piéce de Cinna si remplie de beautés mâles & vraies, ne découvre en lâche une conspiration si importante, que parce qu'il est imbécilement amoureux d'une femme dont il devoit connaître la passion pour Cinna, & qu'on dise pour raison *l'amour rend tout permis, un véritable amant ne connaît point d'amis;* mais qu'un vieux Sertorius aime je ne sçai quelle Viriate, & qu'il soit assassiné par Perpenna, amoureux de cette espagnole, tout cela est petit & puérile, il le faut dire hardiment; & ces petitesses nous mettroient prodigieusement au-dessous des Athéniens, si nos grands maîtres n'avoient racheté ces défauts, qui sont de notre nation, par les sublimes beautés qui sont uniquement de leur génie.

Une chose à mon sens assez étrange, c'est que les grands poëtes tragiques d'Athènes ayent si souvent traité des sujets où la nature étale tout ce qu'elle a de touchant, une Electre, une Iphigénie, une Mérope, un Alcméon, & que nos grands modernes négligeant de tels sujets n'ayent presque traité que l'amour, qui est souvent plus propre à la comédie qu'à la tragédie. Ils ont cru quelquefois annoblir cet amour par la politique; mais un amour qui n'est pas furieux est froid, & une politique qui n'est pas une ambition forcenée est plus froide encore. Des raisonnemens politiques sont bons dans Polibe,

dans

dans Machiavel; la galanterie est à sa place
dans la comédie & dans des contes : mais
rien de tout cela n'est digne du pathétique &
de la grandeur de la tragédie.

Le goût de la galanterie avoit dans la tragédie prévalu au point qu'une grande princesse, qui par son esprit & par son rang sembloit en quelque sorte excusable de croire
que tout le monde devoit penser comme elle,
imagina qu'un adieu de Titus & de Bérénice
étoit un sujet tragique : elle le donna à traiter
aux deux maîtres de la scène. Aucun des deux
n'avoit jamais fait de piéce dans laquelle l'a-
mour n'eût joué un principal ou un second
rôle : mais l'un n'avoit jamais parlé au cœur
que dans les seules scènes du Cid, qu'il avoit
imitées de l'espagnol; l'autre toujours élégant
& tendre étoit éloquent dans tous les genres,
& sçavant dans cet art enchanteur de tirer de
la plus petite situation les sentimens les plus
délicats : aussi le premier fit de Titus & de
Bérénice un des plus mauvais ouvrages qu'on
connaisse au théâtre, l'autre trouva le secret

d'intéreſſer pendant cinq actes, ſans autre fonds que ces paroles : *Je vous aime, & je vous quitte*. C'étoit, à la vérité, une paſtorale entre un empereur, une reine & un roi, & une paſtorale cent fois moins tragique que les ſcènes intéreſſantes du Paſtor fido. Ce ſuccès avoit perſuadé tout le public & tous les auteurs que l'amour ſeul devoit être à jamais l'ame de toutes les tragédies.

Ce ne fut que dans un âge plus mûr que cet homme éloquent comprit qu'il étoit capable de mieux faire, & qu'il ſe repentit d'avoir af-faibli la ſcène par tant de déclarations d'a-mour, par tant de ſentimens de jalouſie & de coquetterie, plus dignes, comme j'ai déja oſé le dire, de Ménandre que de Sophocle & d'Euripide. Il compoſa ſon chef-d'œuvre d'A-thalie ; mais quand il ſe fut ainſi détrompé lui-même, le public ne le fut pas encore. On ne put imaginer qu'une femme, un enfant & un prêtre puſſent former une tragédie intéreſ-ſante : l'ouvrage le plus approchant de la per-fection qui ſoit jamais ſorti de la main des

hommes resta, long-temps méprisé, & son il-
lustre auteur mourut avec le chagrin d'avoir
vû son siécle, éclairé mais corrompu, ne pas
rendre justice à son chef-d'œuvre.

Il est certain que si ce grand homme avoit
vécu, & s'il avoit cultivé un talent qui seul
avoit fait sa fortune & sa gloire, & qu'il ne
devoit pas abandonner, il eût rendu au théâtre son ancienne pureté, il n'eût point avili
par des amours de ruelle les grands sujets de
l'antiquité. Il avoit commencé l'Iphigénie en
Tauride, & la galanterie n'entroit point
dans son plan : il n'eût jamais rendu amoureux ni Agamemnon, ni Oreste, ni Electre,
ni Téléphonte, ni Ajax, mais ayant malheureusement quitté le théâtre avant de l'é-
purer, tous ceux qui le suivirent imiterent
& outrerent ses défauts sans atteindre à aucune de ses beautés. La morale des opéra de
Quinaut entra dans presque toutes les scènes
tragiques: tantôt c'est unAlcibiade qui avoue
que *dans ces tendres momens il a toujours*
éprouvé qu'un mortel peut gouter un bonheur

b ij

achevé. Tantôt c'est une Ameftris qui dit que *la fille d'un grand roi brule d'un feu fecret fans honte & fans effroi.* Ici un Agnonide *de la belle Crifis en tout lieu fuit les pas, adorateur conftant de fes divins appas.* Le féroce Arminius, ce défenfeur de la Germanie protefte *qu'il vient lire fon fort dans les yeux d'Ifménie,* & vient dans le camp de Varus pour voir *fi les beaux yeux de cette Ifménie daignent lui montrer leur tendreffe ordinaire.* Dans Amafis, qui n'eft autre chofe que la Mérope chargée d'épifodes romanefques ; une jeune héroïne, qui depuis trois jours a vû un moment dans une maifon de campagne un jeune inconnu dont elle eft éprife, s'écrie avec bienféance : *C'eft ce même inconnu, pour mon repos hélas ! autant qu'il le devoit il ne fe cacha pas ; & pour quelques momens qu'il s'offrit à ma vue, je le vis, j'en rougis ; mon ame en fut émue.* Dans Athenaïs un prince de Perfe fe déguife pour aller voir fa maitreffe à la cour d'un empereur Romain. On croit lire enfin les romans de mademoifelle Scudéri, qui peignoit des bourgeois de Paris sous le nom des héros de l'antiquité.

Pour achever de fortifier la nation dans ce goût détestable, & qui nous rend ridicules aux yeux de tous les étrangers sensés, il arriva par malheur que M. de Longepierre, très-zélé pour l'antiquité, mais qui ne connoissoit pas assez notre théâtre, & qui ne travailloit pas assez ses vers, fit représenter son Electre. Il faut avouer qu'elle étoit dans le goût antique; une froide & malheureuse intrigue ne défiguroit pas ce sujet terrible; la piéce étoit simple & sans épisode : voilà ce qui lui valoit avec raison la faveur déclarée de tant de personnes de la premiere considération, qui espéroient qu'enfin cette simplicité précieuse qui avoit fait le mérite des grands génies d'Athènes, pourrait être bien reçue à Paris, où elle avoit été si négligée.

Vous étiez MADAME, aussi-bien que feue madame la princesse de Conti, à la tête de ceux qui se flattoient de cette espérance ; mais malheureusement les défauts de la piéce

françaife l'emporterent fi fort fur les beautés qu'il avoit empruntées de la Grece , que
vous avouâtes à la repréfentation que c'étoit
une ftatue de Praxitele défigurée par un moderne. Vous eûtes le courage d'abandonner
ce qui en effet n'étoit pas digne d'être foute-
nu , fçachant très-bien que la faveur prodi-
guée aux mauvais ouvrages eft auffi contraire aux progrès de l'efprit, que le déchaîne-
ment contre les bons. Mais la chûte de cette
Electre fit en même-tems grand tort aux
partifans de l'antiquité : on fe prévalut très-
mal-à-propos des défauts de la copie contre
le mérite de l'original , & pour achever de
corrompre le goût de la nation, on fe perfua-
da qu'il étoit impoffible de foutenir , fans
une intrigue amoureufe & fans des avantu-
res romanefques , ces fujets que les Grecs
n'avoient jamais deshonorés par de tels épifodes ; on prétendit qu'on pouvoit admirer
les Grecs dans la lecture , mais qu'il étoit
impoffible de les imiter fans être condamné
par fon fiécle : étrange contradiction , car fi

en effet la lecture en plaît, comment la repréfentation en peut-elle déplaire ?

Il ne faut pas, je l'avoue, s'attacher à
imiter ce que les anciens avoient de défec-
tueux & de faible. Il eft même très-vraifem-
blable que les défauts où ils tomberent furent relevés de leur tems. Je fuis perfuadé,
MADAME, que les bons efprits d'Athènes
condamnerent, comme vous, quelques répéti-
tions, quelques déclamations dont Sophocle
avoit chargé fon Electre : ils dûrent remar-
quer qu'il ne fouilloit pas affez dans le cœur
humain. J'avouerai encore qu'il y a des beautés propres non-feulement à la langue grecque, mais aux mœurs, au climat, au tems,
qu'il feroit ridicule de vouloir tranfplanter
parmi nous. Je n'ai point copié l'Electre de
Sophocle, il s'en faut beaucoup : j'en ai pris,
autant que je l'ai pû, tout l'efprit & toute la
fubftance. Les fêtes que célébroient Egifte &
Clitemneftre, & qu'ils appelloient les feftins
d'Agamemnon, l'arrivée d'Orefte & de Pilade, l'urne dans laquelle on croit que font

renfermées les cendres d'Orefte , l'anneau
d'Agamemnon, le caractere d'Electre, celui
d'Iphife , qui eft précifément la Crifothemis
de *Sophocle* , & fur-tout les remords de
Clitemneftre, tout eft puifé dans la tragédie
grecque ; car lorfque celui qui fait à Clitemneftre le récit de la prétendue mort d'Orefte,
lui dit : eh quoi , *Madame , cette mort vous*
afflige ? Clitemneftre répond, *Je fuis mere ,*
& par - là *malheureufe , une mere quoiqu'ou-*
tragée ne peut haïr fon fang : elle cherche
même à fe juftifier devant Electre du meurtre d'Agamemnon : elle plaint fa fille , &
Euripide a pouffé encore plus loin que Sophocle l'attendriffement & les larmes de
Clitemneftre : voilà ce qui fut applaudi chez
le peuple le plus judicieux & le plus fenfible
de la terre : voilà ce que j'ai vû fenti par tous
les bons juges de notre nation. Rien n'eft en
effet plus dans la nature qu'une femme, criminelle envers fon époux, & qui fe laiffe
attendrir par fes enfans, qui reçoit la pitié
dans fon cœur altier & farouche, qui s'irrite,

qui reprend la dureté de son caractère quand
on lui fait des reproches trop violens, & qui
s'appaise ensuite par les soumissions & par
les larmes : le germe de ce personnage étoit
dans Sophocle & dans Euripide, & je l'ai
développé. Il n'appartient qu'à l'ignorance
& à la présomption, qui en est la suite, de
dire qu'il n'y a rien à imiter dans les anciens :
il n'y a point de beautés dont on ne trouve
chez eux les semences.

Je me suis imposé, sur-tout, la loi de ne
pas m'écarter de cette simplicité tant recom-
mandée par les Grecs, & si difficile à saisir ;
c'étoit là le vrai caractere de l'invention &
du génie ; c'étoit l'essence du théâtre : un personnage étranger, qui dans l'Œdipe ou dans
l'Electre feroit un grand rôle, qui détour-
neroit sur lui l'attention, seroit un monstre
aux yeux de quiconque connaît les anciens
& la nature, dont ils ont été les premiers
peintres. L'art & le génie consistent à trouver tout dans son sujet, & non pas à chercher
hors de son sujet. Mais comment imiter cette

pompe & cette magnificence vraiment tragique des vers de Sophocle, cette élégance,
cette pureté, ce naturel, sans quoi un ouvrage (bien fait d'ailleurs) seroit un mauvais
ouvrage ?

J'ai donné au moins à ma nation quelque
idée d'une tragédie sans amour, sans confidens, sans épisodes ; le petit nombre des
partisans du bon goût m'en sçait gré, les
autres ne reviennent qu'à la longue, quand
la fureur de parti, l'injustice de la persécu-
tion & les ténébres de l'ignorance sont dissi-
pées. C'est à vous, MADAME, à conserver
les étincelles qui restent encore parmi nous
de cette lumiere précieuse que les anciens
nous ont transmise. Nous leur devons tout ;
aucun art n'est né parmi nous, tout y a été
transplanté : mais la terre qui porte ces fruits
étrangers s'épuise & se lasse, & l'ancienne
barbarie, aidée de la frivolité, perceroit encore quelquefois malgré la culture ; les disciples
d'Athènes & de Rome deviendroient des Gots
& des Vandales amollis par les mœurs des Si-

barites, ſans cette protection éclairée & atten-
tive des perſonnes de votre rang. Quand la
nature leur a donné ou du génie, ou l'amour
du génie, elles encouragent notre nation, qui
eſt plus faite pour imiter que pour inventer,
& qui cherche toujours dans le ſang de ſes
maîtres les leçons & les exemples dont elle a
beſoin. Tout ce que je déſire, Madame, c'eſt
qu'il ſe trouve quelque génie qui acheve ce
que j'ai ébauché, qui tire le théâtre de cette
molleſſe & de cette afféterie où il eſt plongé,
qui le rende reſpectable aux eſprits les plus
auſteres, digne des beaux jours d'Athènes,
digne du très-petit nombre de chefs-d'œuvres que nous avons, & enfin du ſuffrage
d'un eſprit tel que le vôtre, & de ceux qui
peuvent vous reſſembler.

PERSONNAGES.

ORESTE,
ELECTRE,
IPHISE,
CLITEMNESTRE,
EGISTE,
PILADE,
PAMMENE,
Suite.

Le Théâtre doit repréfenter le rivage de la Mer ; un bois , un temple , un palais & un tombeau , d'un côté , & de l'autre Argos dans le lointain.

ORESTE '

ORESTE,

TRAGÉDIE.

ACTE PREMIER.

SCENE PREMIERE.

IPHISE, PAMMENE.

IPHISE.

St - il vrai, cher Pammene ! & ce lieu
   solitaire,
Ce palais exécrable où languit ma
   misère,
Me verra-t'il goûter la funeste douceur
De mêler mes regrets aux larmes de ma sœur ?

A

La malheureuse Electre à mes douleurs si chere
Vient-elle avec Egiste au tombeau de mon pere ?
Egiste ordonne-t'il qu'en ces solemnités
Le sang d'Agamemnon paraisse à ses côtés ?
Serons-nous les témoins de la pompe inhumaine
Qui célébre le crime, & que ce jour amene ?

                    P A M M E N E.

O respectable Iphise ! ô fille de mon Roi !
Relégué comme vous dans ce séjour d'effroi,
Les secrets d'une Cour en horreurs si fertile ,
Pénétrent rarement dans mon obscur asile.
Mais on dit qu'en effet Egiste soupçonneux,
Doit entraîner Electre à ces funébres jeux ;
Qu'il ne souffrira plus qu'Electre en son absence
Appelle par ses cris Argos à la vengeance :
Il redoute sa plainte ; il craint que tous les cœurs
Ne réveillent leur haine au bruit de ses clameurs ;
Et d'un œil vigilant épiant sa conduite ,
Il la traite en esclave , & la traîne à sa suite.

                    I P H I S E.

Ma sœur esclave ! ô ciel ! ô sang d'Agamemnon !
Un barbare à ce point outrage encor ton nom !
Et Clitemnestre , hélas ! cette mere cruelle ,
A permis cet affront qui rejaillit sur elle !
Peut-être que ma sœur, avec moins de fierté,
Devoit de son tyran braver l'autorité ;

Et n'ayant contre lui que d'impuiſſantes armes,
Mêler moins de reproche & d'orgüeil à ſes larmes.
Qu'a produit ſa fierté ? que ſervent ſes éclats ?
Elle irrite un barbare, & ne nous venge pas.
On m'a laiſſé du moins, dans ce funeſte aſile,
Un deſtin ſans opprobre , un malheur plus tranquile.
Mes mains peuvent d'un pere honorer le tombeau,
Loin de ſes ennemis & loin de ſon bourreau ;
Dans ce ſéjour de ſang , dans ce déſeit ſi triſte ,
Je pleure en liberté, je hais en paix Egiſte.
Je ne ſuis condamnée à l'horreur de le voir
Que lorſque rappellant le temps du déſeſpoir,
Le ſoleil a regret ramene la journée
Où le ciel a permis ce barbare hymenée :
Où ce monſtre enivré du ſang du Roi des Rois,
Où Clitemneſtre. . .

SCENE II.

ELECTRE, IPHISE, PAMMENE.

IPHISE.

HElas ! eſt-ce vous que je vois,
Ma ſœur !...

A ij

ELECTRE.

Il eſt venu ce jour où l'on apprête
Les déteſtables jeux de leur coupable fête ;
Electre leur eſclave, Electre votre ſœur
Vous annonce en leur nom leur horrible bonheur.

IPHISE.

Un deſtin moins affreux permet que je vous voie,
A ma douleur profonde il mêle un peu de joie ;
Et vos pleurs & les miens enſemble confondus...

ELECTRE.

Des pleurs ? ah ma faibleſſe en a trop répandus.
Des pleurs ! ombre ſacrée, ombre chere & ſanglante,
Eſt-ce-là le tribut qu'il faut qu'on te préſente ?
C'èſt du ſang que je dois ; c'eſt du ſang que tu veux ;
C'eſt parmi les apprêts de ces indignes jeux,
Dans ce cruel triomphe où mon tyran m'entraîne,
Que ranimant ma force & ſoulevant ma chaîne,
Mon bras, mon faible bras oſera l'égorger
Au tombeau que ſa rage oſe encor outrager.
Quoi ! j'ai vû Clitemneſtre avec lui conjurée,
Lever ſur ſon époux ſa main trop aſſurée !
Et nous ſur le tyran nous ſuſpendons des coups
Que ma mere à mes yeux porta ſur ſon époux !
O douleur ! ô vengeance !... ô vertu qui m'animes,
Pouvez-vous en ces lieux moins que n'ont pû les
    crimes ?

Nous feules déformais devons nous fecourir :
Craignez-vous de frapper ? craignez-vous de mourir ?
Secondez de vos mains ma main défefpérée ;
Fille de Clitemneftre & rejetton d'Atrée ,
Venez.

IPHISE.

     Ah ! modérez ces tranfports impuiffants ;
Commandez , chere Electre , au trouble de vos fens ,
Contre nos ennemis nous n'avons que des larmes :
Qui peut nous feconder , comment trouver des
     armes ?
Comment frapper un Roi de gardes entouré ,
Vigilant , foupçonneux , par le crime éclairé ?
Hélas ! à nos regrets n'ajoutons point de craintes ;
Tremblez que le tyran n'ait écouté vos plaintes.

ELECTRE.

Je veux qu'il les écoute ; oui ; je veux dans fon cœur
Empoifonner fa joie , y porter ma douleur ;
Que mes cris jufqu'au ciel puiffent fe faire entendre;
Qu'ils appellent la foudre & la faffent defcendre ;
Qu'ils réveillent cent rois indignes de ce nom ,
Qui n'ont ofé venger le fang d'Agamemnon.
Je vous pardonne hélas cette douleur captive ,
Ces faibles fentimens de votre ame craintive ;
Il vous ménage au moins. De fon indigne loi
Le joug appefanti n'eft tombé que fur moi :

A iij

Vous n'êtes point esclave & d'opprobres nourrie ;
Vos yeux ne virent point ce parricide impie ,
Ces vêtemens de mort, ces apprêts, ce festin ,
Ce festin détestable , où le fer à la main ,
Clitemnestre ! ma mere ! ah ! cette horrible image
Est présente à mes yeux , présente à mon courage ;
C'est-là , c'est en ces lieux où vous n'osez pleurer,
Où vos ressentimens n'osent se déclarer ,
Que j'ai vû votre pere attiré dans le piége ,
Se débattre & tomber sous leur main sacrilége.
Pammene , aux derniers cris, aux sanglots de ton Roi ,
Je croi te voir encor accourir avec moi ;
J'arrive. Quel objet ! une femme en furie
Recherchoit dans son flanc les restes de sa vie.
Tu vis mon cher Oreste enlevé dans mes bras ,
Entouré des dangers qu'il ne connoissoit pas,
Près du corps tout sanglant de son malheureux pere ;
A son secours encor il appelloit sa mere :
Clitemnestre appuyant mes soins officieux ,
Sur ma tendre pitié daigna fermer les yeux ,
Et s'arrêtant du moins au milieu de son crime ,
Nous laissa loin d'Egiste emporter la victime.
Oreste , dans ton sang consommant sa fureur ,
Egiste a-t'il détruit l'objet de sa terreur ?
Es-tu vivant encor ? as-tu suivi ton pere ?
Je pleure Agamemnon, je tremble pour un frere.

Mes mains portent des fers, & mes yeux pleins de
   pleurs
N'ont vû que des forfaits & des perfécuteurs.

PAMMENE.

Filles d'Agamemnon, race divine & chere,
Dont j'ai vû la fplendeur & l'horrible mifère,
Permettez que ma voix puiffe encor en vous deux
Réveiller cet efpoir qui refte aux malheureux :
Avez-vous donc des Dieux oublié les promeffes ?
Avez-vous oublié que leurs mains vengereffes
Doivent conduire Orefte en cet affreux féjour
Où fa fœur avec moi lui conferva le jour ;
Qu'il doit punir Egifte au lieu même où vous êtes,
Sur ce même tombeau, dans ces mêmes retraites,
Dans ces jours de triomphe où fon lâche affaffin
Infulte encor au Roi dont il perça le fein.
La parole des Dieux n'eft point vaine & trompeufe ;
Leurs deffeins font couverts d'une nuit ténébreufe ;
La peine fuit le crime, elle arrive à pas lents.

IPHISE.

Dieux qui la préparez que vous tardez longtems ?
Auprès de ce tombeau je languis défolée ;
Ma fœur plus malheureufe, à la Cour éxilée :
Ma fœur eft dans les fers, & l'oppreffeur en paix
Indignement heureux jouit de fes forfaits.

A iv

ELECTRE.

Vous le voyez, Pammene, Egifte renouvelle
De fon hymen fanglant la pompe criminelle,
Et mon frere éxilé de déferts en déferts,
Semble oublier fon pere & négliger mes fers.

PAMMENE.

Comptez les temps, voyez qu'il touche à peine l'âge
Où la force commence à fe joindre au courage :
Efpérez fon retour, efpérez dans les Dieux.

ELECTRE.

Sage & prudent vieillard, oui, vous m'ouvrez les
        yeux ;
Pardonnez à mon trouble, à mon impatience ;
Hélas vous me rendez un rayon d'efpérance.
Qui pourrait de ces Dieux encenfer les autels,
S'ils voyoient fans pitié les malheurs des mortels ;
Si le crime infolent dans fon heureufe ivreffe
Ecrafoit à loifir l'innocente faibleffe ?
Dieux vous rendrez Orefte aux larmes de fa fœur ;
Votre bras fufpendu frappera l'oppreffeur !
Orefte, entends ma voix, celle de ta patrie,
Celle du fang verfé qui t'appelle & qui crie :
Viens du fond des déferts où tu fus élevé,
Où les maux exerçoient ton courage éprouvé.
Aux monftres des forêts ton bras fait-il la guerre ?
C'eft aux monftres d'Argos, aux tyrans de la terre,

Aux meurtriers des Rois que tu dois t'adreſſer :
Viens, qu'Electre te guide au ſein qu'il faut percer.

IPHISE.

Renfermez ces douleurs & cette plainte amère,
Votre mere paraît.

ELECTRE.

Ai-je encor une mere ?

SCENE III.

CLITEMNESTRE, ELECTRE, IPHISE.

CLITEMNESTRE.

ALlez, que l'on me laiſſe en ces lieux retirés ;
Pammene, éloignez-vous ; mes filles, demeurez.

IPHISE.

Hélas ! ce nom ſacré diſſipe mes allarmes.

ELECTRE.

Ce nom jadis ſi ſaint, redouble encor mes larmes.

CLITEMNESTRE.

J'ai voulu ſur mon ſort & ſur vos intérêts,
Vous dévoiler enfin mes ſentimens ſecrets :
Je rends grace au deſtin dont la rigueur utile,
De mon ſecond époux rendit l'hymen ſtérile,

Et qui n'a pas formé dans ce funeste flanc,
Un sang que j'aurois vû l'ennemi de mon sang.
Peut-être que je touche aux bornes de ma vie,
Et les chagrins secrets dont je suis poursuivie,
Dont toujours à vos yeux j'ai dérobé le cours,
Pourront précipiter le terme de mes jours.
Mes filles devant moi ne font point étrangeres,
Même en dépit d'Egiste elles m'ont été cheres ;
Je n'ai point étouffé mes premiers sentimens,
Et malgré la fureur de ses emportemens,
Electre, dont l'enfance a consolé sa mere
Du sort d'Iphigénie & des rigueurs d'un pere,
Electre qui m'outrage & qui brave mes loix,
Dans le fonds de mon cœur n'a point perdu ses droits.

ELECTRE.

Qui ! vous, Madame ; ô ciel ! vous m'aimeriez
    encore ?
Quoi, vous n'oubliez point ce sang qu'on des-
    honore ?
Ah ? si vous conservez des sentimens si chers,
Observez cette tombe. . . . & regardez mes fers.

CLITEMNESTRE.

Vous me faites frémir ; votre esprit inflexible
Se plaît à m'accabler d'un souvenir horrible ;
Vous portez le poignard dans ce cœur agité ;
Vous frappez une mere, & je l'ai mérité.

ELECTRE.

Eh bien, vous défarmez une fille éperdue ;
La nature en mon cœur eft toujours entendue :
Ma mere, s'il le faut, je condamne à vos pieds,
Ces reproches fanglans trop longtems effuyés ;
Aux fers de mon tyran par vous-même livrée,
D'Egifte dans mon cœur je vous ai féparée ;
Ce fang que je vous dois ne fauroit fe trahir,
J'ai pleuré fur ma mere & n'ai pu vous haïr ;
Ah, fi le ciel enfin vous parle & vous éclaire,
S'il vous donne en fecret un remords falutaire,
Ne le repouffez pas, laiffez-vous pénétrer
A la fecrete voix qui vous daigne infpirer.
Détachez vos deftins des deftins d'un perfide,
Livrez-vous toute entiere à ce Dieu qui vous guide :
Appellez votre fils, qu'il revienne en ces lieux
Reprendre de vos mains le rang de fes ayeux ;
Qu'il puniffe un tyran ; qu'il régne ; qu'il vous
    aime ;
Qu'il venge Agamemnon, fes filles & vous-même ;
Faites venir Orefte.

CLITEMNESTRE.

    Electre, levez-vous ;
Ne parlez point d'Orefte & craignez mon époux ;
J'ai plaint les fers honteux dont vous êtes chargée ;
Mais d'un maître abfolu la puiffance outragée

Ne pouvoit épargner qui ne l'épargne pas,
Et vous l'avez forcé d'appefantir fon bras ;
Moi-même qui me vois fa premiere fujette ;
Moi qu'offenfa toujours votre plainte indifcrette,
Qui tant de fois pour vous ai voulu le fléchir,
Je l'irritois encor au lieu de l'adoucir.
N'imputez qu'à vous feule un affront qui m'outrage,
Pliez à votre état ce fuperbe courage ;
Apprenez d'une fœur comme il faut s'affliger,
Comme on cede au deftin quand on veut le
      changer.

Je voudrais dans le fein de ma famille entiere,
Finir un jour en paix ma fatale carriere.
Mais fi vous vous hâtez, fi vos foins imprudens
Appellent en ces lieux Orefte avant le tems,
Si d'Egifte jamais il affronte la vûe,
Vous hazardez fa vie & vous êtes perdue ;
Et malgré la pitié dont mes fens font atteins,
Je dois à mon époux plus qu'au fils que je crains.

E L E C T R E.

Lui, votre époux ? O ciel ! lui, ce monftre ?... Ah,
      ma mere,
Eft-ce ainfi qu'en effet vous plaignez ma mifere ;
A quoi vous fert, hélas, ce remords paffager,
Ce fentiment fi tendre étoit-il étranger ?

Vous menacez Electre & votre fils lui-même !
à Iphise.
Ma sœur ! & c'est ainsi qu'une mere nous aime ?
à Clitemneſtre.
Vous menacez Orefte !... hélas, loin d'efpérer

Qu'un frere malheureux nous vienne délivrer,

J'ignore fi le ciel a confervé fa vie ;

J'ignore fi ce maître, abominable, impie,

Votre épeux, puifqu'ainfi vous l'ofez appeller,

Ne s'eft pas en fecret hâté de l'immoler.

IPHISE.

Madame, croyez-nous, je jure, j'en attefte

Les Dieux dont nous fortons & la mere d'Orefte,

Que loin de l'appeller dans ce féjour de mort,

Nos yeux, nos triftes yeux font fermés fur fon fort.

Ma mere ayez pitié de vos filles tremblantes,

De ce fils malheureux, de fes fœurs gémiffantes :

N'affligez plus Electre : on peut à fes douleurs
Pardonner le reproche & permettre les pleurs.

ELECTRE.

Loin de leur pardonner on nous défend la plainte ;

Quand je parle d'Orefte on redouble ma crainte ;

Je connais trop Egifte & fa férocité,

Et mon frere eft perdu puifqu'il eft redouté.

CLITEMNESTRE.

Votre frere eft vivant, reprenez l'efpérance,

Mais s'il eft en danger, c'eft par votre imprudence ;

Modérez vos fureurs & fachez aujourd'hui ,
Plus humble en vos chagrins, refpecter mon ennui ;
Vous penfez que je viens heureufe & triomphante ,
Conduire dans la joye une pompe éclatante ;
Electre, cette fête eft un jour de douleur ;
Vous pleurez dans les fers & moi dans ma grandeur.
Je fçais quels vœux forma votre haine infenfée :
N'implorez plus les Dieux , ils vous ont exaucée.
Laiffez-moi refpirer.

SCENE IV.

CLITEMNESTRE *feule.*

L'Afpect de mes enfans
Dans mon cœur éperdu redouble mes tourmens.
Hymen, fatal hymen , crime longtems profpere ,
Nœuds fanglans qu'ont formés le meurtre & l'adul-
  tere ,
Pompe jadis trop chere à mes vœux égarés ,
Quel eft donc cet effroi dont vous me pénétrez !
Mon bonheur eft détruit, l'ivreffe eft diffipée :
Une lumiere horrible en ces lieux m'a frapée.
Qu'Egifte eft aveuglé , puifqu'il fe croit heureux !
Tranquile , il me conduit à ces funébres jeux.

Il triomphe & je fens fuccomber mon courage,
Pour la premiere fois je redoute un préfage ;
Je crains Argos, Electre & fes lugubres cris,
La Grece, mes fujets, mon fils, mon propre fils ;
Ah, quelle deftinée & quel affreux fupplice,
De former de fon fang ce qu'il faut qu'on haïffe !
De n'ofer prononcer fans des troubles cruels,
Les noms les plus facrés les plus chers aux mortels.
Je chaffai de mon cœur la nature outragée ;
Je tremble au nom d'un fils, la nature eft vengée.

SCENE V.

EGISTE, CLITEMNESTRE.

CLITEMNESTRE.

AH ! trop cruel Egifte où guidiez-vous mes pas,
Pourquoi revoir ces lieux confacrés au trépas !

EGISTE.

Quoi, ces folemnités qui vous étoient fi cheres,
Ces gages renaiffans de nos deftins profperes,
Deviendroient à vos yeux des objets de terreur ;
Ce jour de notre hymen eft-il un jour d'horreur ?

CLITEMNESTRE.

Non, mais ce lieu, peut-être, est pour nous redou-
table ;
Ma famille y répand une horreur qui m'accable ;
A des tourmens nouveaux tous mes sens sont ou-
verts ;
Iphise dans les pleurs, Electre dans les fers,
Du sang versé par nous cette demeure empreinte,
Oreste, Agamemnon, tout me remplit de crainte.

ÉGISTE.

Laissez gémir Iphise & vous ressouvenez
Qu'après tous nos affronts trop longtems pardonnés,
L'impétueuse Electre a mérité l'outrage
Dont j'humilie enfin cet orgueilleux courage ;
Je la traîne enchaînée & je ne prétends pas
Que de ses cris plaintifs allarmant mes états ,
Dans Argos désormais sa dangereuse audace,
Ose des Dieux sur nous rappeller la menace ,
D'Oreste aux mécontens promettre le retour ;
On n'en parle que trop , & depuis plus d'un jour
Partout le nom d'Oreste a blessé mon oreille,
Et ma juste colere à ce bruit se réveille.

CLITEMNESTRE.

Quel nom prononcez-vous ! tout mon cœur en fré-
mit ;
On prétend qu'en secret un oracle a prédit
Qu'un

Qu'un jour en ce lieu même où mon deſtin me
    guide,
Il porteroit ſur nous une main parricide.
Pourquoi tenter les Dieux ? pourquoi vous pré-
    ſenter
Aux coups qu'il vous faut craindre & qu'on peut
    éviter ?

EGISTE.

Ne craignez rien d'Oreſte. Il eſt vrai qu'il reſpire,
Mais loin que dans le piége Oreſte nous attire,
Lui-même à ma pourſuite il ne peut échapper.
Déja de toutes parts j'ai ſçû l'envelopper.
Errant & pourſuivi de rivage en rivage,
Il promene en tremblant ſon impuiſſante rage ;
Aux forêts d'Epidaure il s'eſt enfin caché.
D'Epidaure en ſecret le Roi m'eſt attaché :
Plus que vous ne penſez on prend notre défenſe.

CLITEMNESTRE.

Mais quoi, mon fils !

EGISTE.

         Je ſçai quelle eſt ſa violence ;
Il eſt fier, implacable, aigri par ſon malheur ;
Digne du ſang d'Atrée, il en a la fureur.

CLITEMNESTRE.

Ah Seigneur elle eſt juſte !

EGISTE.

Il faut la rendre vaine ;
Vous ſçavez qu'en ſecret j'ai fait partir Pliſtene :
Il eſt dans Epidaure.

CLITEMNESTRE.

A quel deſſein ? pourquoi ?

EGISTE.

Pour aſſurer mon trône & calmer votre effroi.
Oui, Pliſtene, mon fils, adopté par vous même,
L'héritier de mon nom & de mon diadême,
Eſt trop intéreſſé, Madame, à détourner
Des périls que toujours vous voulez ſoupçonner :
Il vous tient lieu de fils ; n'en connaiſſez plus d'autre.
Vous ſçavez, pour unir ma famille & la vôtre,
Qu'Electre eut pû prétendre à l'hymen de mon fils,
Si ſon cœur à vos loix eût été plus ſoumis ;
Si vos ſoins avoient pû fléchir ſon caractere :
Mais je punis la ſœur & je cherche le frere ;
Pliſtene me ſeconde ; en un mot il vous ſert :
Notre ennemi commun ſans doute eſt découvert.
Vous frémiſſez, Madame...

CLITEMNESTRE.

O nouvelles victimes !
Ne puis-je reſpirer qu'à force de grands crimes ?
Egiſte, vous ſçavez qui j'ai privé du jour...
Le fils que j'ai nourri périroit à ſon tour !

Ah de mes jours usés le déplorable reste
Doit-il être acheté par un prix si funeste ?...

CLITEMNESTRE omitted? no

E G I S T E.

Songez....

C L I T E M N E S T R E.

Non , laissez-moi dans ce trouble mortel
Consulter de ces lieux l'oracle solemnel.

E G I S T E.

Madame , à mes desseins mettra-t'il des obstacles ?
Qu'attendez-vous ici des Dieux & des oracles?
Au jour de notre hymen furent-ils écoutés ?

C L I T E M N E S T R E.

Vous rappellez des tems dont ils sont irrités.
De mon cœur étonné vous voyez le tumulte ;
L'amour brava les Dieux , la crainte les consulte :
N'insultez point , Seigneur , à mes sens affaiblis,
Le tems qui change tout a changé mes esprits ;
Et peut-être des Dieux la main appesantie
Se plaît à subjuguer ma fierté démentie :
Je ne sens plus en moi ce courage emporté
Qu'en ce palais sanglant j'avois trop écouté ;
Ce n'est pas que pour vous mon amitié s'altère ,
Il n'est point d'intérêt que mon cœur vous pré-
    fère ;
Mais une fille esclave , un fils abandonné,
Un fils mon ennemi , peut-être assassiné,

Et qui, s'il est vivant, me condamne & m'abhorre;
L'idée en est horrible, & je suis mere encore.

EGISTE.

Vous êtes mon épouse, & sur-tout vous régnez;
Rappellez Clitemnestre à mes yeux indignés;
Ecoutez-vous du sang le dangereux murmure,
Pour des enfans ingrats qui bravent la nature?
Venez; votre repos doit sur eux l'emporter.

CLITEMNESTRE.

Du repos dans le crime; ah qui peut s'en flatter?

Fin du premier Acte.

ACTE II.

SCENE PREMIERE.

ORESTE, PILADE.

ORESTE.

Pilade, où sommes-nous ; en quels lieux t'a con-
    duit
Le malheur obstiné du destin qui me suit ?
L'infortune d'Oreste environne ta vie.
Tout ce qu'a préparé ton amitié hardie ,
Trésors, armes, soldats, a péri dans les mers ;
Sans secours avec toi jetté dans ces déserts ,
Tu n'as plus qu'un ami dont le destin t'opprime ,
Le ciel nous ravit tout hors l'espoir qui m'anime.
A peine as-tu caché sous ces rocs escarpés
Quelques tristes débris au naufrage échappés.
Connais-tu ce rivage où mon malheur m'arrête ?

PILADE.

J'ignore en quels climats nous jette la tempête,

Mais de notre deftin pourquoi défefpérer ?
Tu vis, il me fuffit, tout doit me raffurer ;
Un Dieu dans Epidaure a confervé ta vie
Que le barbare Egifte a toujours pourfuivie ;
Dans ton premier combat il a conduit tes mains.
Pliftène fous tes coups a fini fes deftins ;
Marchons fous la faveur de ce Dieu tutelaire,
Qui t'a livré le fils, qui t'a promis le pere,
Qui veille fur le jufte, & venge les forfaits.

O R E S T E.

Ce Dieu dans fa colere a repris fes bienfaits,
Sa faveur eft trompeufe, & dans toi je contemple
Des changemens du fort un déplorable exemple.

As-tu dans ces rochers qui défendent ces bords,
Où nous avons pris terre après de longs efforts,
As-tu caché cette urne & ces marques funébres,
Qu'en des lieux déteftés, par le crime célébrés,
Dans les champs de Micene où régnoient mes ayeux,
Nous devions apporter par les ordres des Dieux :
Cette urne qui contient les cendres de Pliftene,
Ces dépôts, ces témoins de vengeance & de haine,
Qui devoient d'un tyran tromper les yeux cruels ?

P I L A D E.

Oui, j'ai rempli ces foins.

O R E S T E.

O Decrets éternels !

Quel fruit tirerons-nous de notre obéissance ?
Ami, qu'est devenu le jour de la vengeance !
Reverrai-je jamais ce palais, ce séjour,
Ce lieu cher & terrible où j'ai reçu le jour ?
Où marcher, où trouver cette sœur généreuse,
Dont la Grece a vanté la vertu courageuse,
Que l'on admire hélas ; qu'on n'ose secourir ;
Qui conserva ma vie & m'apprit à souffrir ;
Qui digne en tous les tems d'un pere magnanime,
N'a jamais succombé sous la main qui l'opprime.
Quoi donc, tant de héros, tant de rois, tant d'états
Ont combattu dix ans pour venger Ménélas ;
Agamemnon périt & la Grece est tranquille !
Dans l'univers entier son fils n'a point d'azile,
Et j'eusse été sans toi, sans ta tendre amitié,
Aux plus vils des mortels un objet de pitié.
Mais le ciel me soutient quand il me persécute,
Il m'a donné Pilade, il ne veut point ma chute ;
Il m'a fait vaincre au moins un indigne ennemi,
Et la mort de mon pere est vengée à demi ;
Mais que me servira cette cendre funeste
Que nous devions offrir pour la cendre d'Oreste :
Quel chemin peut conduire à cette affreuse cour ?

PILADE

Regarde ce palais, ce temple, cette tour,

Ce tombeau, ces cyprès., ce bois sombre & sauvage;
De deuil & de grandeur, tout offre ici l'image;
Mais un mortel s'avance en ces lieux retirés,
Triste, levant au ciel des yeux désespérés;
Il paraît dans cet âge où l'humaine prudence
Sans doute a des malheurs la longue expérience;
Sur ton malheureux sort il pourra s'attendrir.

O R E S T E.

Il gémit, tout mortel est-il né pour souffrir?

S C E N E   I I.

ORESTE, PILADE, PAMMENE.

P I L A D E.

O Qui que vous soyez tournez vers nous la vue,
La terre où je vous parle est pour nous inconnue;
Vous voyez deux amis & deux infortunés,
A la fureur des flots longtems abandonnés;
Ce lieu nous doit-il être ou funeste ou propice?

P A M M E N E.

J'y révère les Dieux, j'implore leur justice;
J'exerce en leur présence, en ma simplicité,
Les respectables droits de l'hospitalité;

Daignez fous l'humble toit qu'habite ma vieilleffe,
Méprifer des grands Rois la fuperbe richeffe :
Venez , les malheureux me font toujours facrés.

O R E S T E.

Sage & jufte habitant de ces bords ignorés ,
Que des Dieux par nos mains la puiffance immor-
    telle
De votre piété récompenfe le zèle ;
Quel azile eft le vôtre, & quelles font vos loix ,
Quel Souverain commande aux lieux où je vous
    vois ?

P A M M E N E.

Egifte regne ici, je fuis fous fa puiffance.

O R E S T E.

Egifte ? Ciel ! ô crime ! ô terreur ! ô vengeance !

P I L A D E.

Dans ce péril nouveau gardez de vous trahir.

O R E S T E.

Egifte ; juftes Dieux ! celui qui fit perir. . .

P A M M E N E.

Lui-même.

O R E S T E.

    Et Clitemneftre après ce coup funefte ?

P A M M E N E.

Elle regne avec lui, l'univers fait le refte.

ORESTE.

Ce palais, ce tombeau ?...

PAMMENE.

       Ce palais redouté
Est par Egiste même en ce jour habité.
Mes yeux ont vû jadis élever cet ouvrage
Par une main plus digne, & pour un autre usage ;
Ce tombeau (pardonnez si je pleure à ce nom)
Est celui de mon Roi, du grand Agamemnon.

ORESTE.

Ah ! c'en est trop, le Ciel épuise mon courage.

PILADE *à Oreste.*

Dérobe-lui les pleurs qui baignent ton visage.

PAMMENE *à Oreste qui se détourne.*

Etranger généreux, vous vous attendrissez,
Vous voulez retenir les pleurs que vous versez :
Helas ! qu'en liberté votre cœur se déploye,
Plaignez le fils des Dieux & le vainqueur de Troye ;
Que des yeux étrangers pleurent au moins son sort,
Tandis que dans ces lieux on insulte à sa mort.

ORESTE.

Si je fus élevé loin de cette contrée,
Je n'en chéris pas moins les descendans d'Atrée.
Un Grec doit s'attendrir sur le sort des héros ;
Je dois sur-tout ... Electre est-elle dans Argos ?

PAMMENE.

Seigneur, elle est ici....

ORESTE.

Je veux, je cours.

PILADE.

Arrête.
Tu vas braver les Dieux, tu hazardes ta tête.

à Pamméne.

Que je te crains ! Daignez, respectable mortel,
Dans le temple voisin nous conduire à l'autel ;
C'est le premier devoir. Il est temps que j'adore
Le Dieu qui nous sauva sur la mer d'Epidaure.

ORESTE.

Menez-nous à ce temple, à ce tombeau sacré,
Où repose un héros lâchement massacré.
Je dois à sa grande ombre un secret sacrifice...

PAMMENE.

Vous, Seigneur ! ô destins ! ô céleste justice !
Vous, lui sacrifier ! Parmi ses ennemis...
Je me tais... mais, Seigneur, mon maître avoit un fils,
Qui dans les bras d'Électre... Egiste ici s'avance,
Je vous fuis, je vous joins, évitez sa présence.

ORESTE.

Quoi ! C'est Egiste ?

PILADE.

Il faut vous cacher à ses yeux.

SCENE III.

EGISTE, CLITEMNESTRE, PAMMENE.

EGISTE à *Pammene*.

A Qui dans ce moment parliez-vous dans ces
        lieux ?
L'un de ces deux mortels porte sur son visage
L'empreinte des grandeurs & les traits du courage ;
Sa démarche, son air, son maintien m'ont frappé ;
Dans une douleur sombre il semble enveloppé ;
Quel est-il ? est-il né sous mon obéissance ?

PAMMENE.

Je connais son malheur, & non pas sa naissance,
Je devois des secours à ces deux Etrangers
Poussés par la tempête à travers ces rochers ;
S'ils ne me trompent point la Gréce est leur patrie.

EGISTE.

Répondez d'eux, Pammene, il y va de la vie.

CLITEMNESTRE.

Et quoi ! deux malheureux en ces lieux abordés,
D'un œil si soupçonneux seroient-ils regardés ?

EGISTE.

On murmure, on m'allarme, & tout me fait ombrage.

CLITEMNESTRE.

Helas ! depuis quinze ans, c'est là notre partage,
Nous craignons les mortels autant que l'onnous craint,
Et c'est un des poisons dont mon cœur est atteint.

EGISTE *à Pammene.*

Allez, dis-je, & sachez quel lieu les a vû naître,
Pourquoi près du Palais ils ont osé paraître;
De quel port ils partoient; & sur-tout quel dessein
Les guida sur ces mers dont je suis Souverain.

SCENE IV.

EGISTE, CLITEMNESTRE.

EGISTE.

Vous l'avez donc voulu; votre crainte inquiete
A des Dieux vainement consulté l'interprete;
Leur silence ne sert qu'à vous désespérer,
Mais Egiste vous parle & doit vous rassurer.
A vous-même opposée & par vos vœux trahie,
Craignant la mort d'un fils & redoutant sa vie,
Votre esprit ébranlé ne peut se raffermir;
Ah ! ne consultez point sur un sombre avenir
Des confidens des Dieux l'incertaine réponse.
Ma main fait nos destins & ma voix les annonce.

Fiez-vous à mes foins, vivez, regnez en paix,
Et d'un indigne fils ne me parlez jamais.
Quant au deftin d'Electre, il eft tems que j'y penfe,
De vos nouveaux deffeins j'ai pefé l'importance ;
Sans doute elle eft à craindre, & je fçais que fon nom
Peut lui donner des droits au rang d'Agamemnon,
Qu'un jour avec mon fils Electre en concurrence,
Peut dans les mains du peuple emporter la balance.
Vous voulez qu'aujourd'hui je brife fes liens,
Que j'uniffe par vous fes intérêts aux miens.
Vous voulez terminer cette haine fatale,
Ces malheurs attachés aux enfans de Tantale ;
Parlez-lui, mais craignons tous deux de partager
La honte d'un refus qu'il nous faudrait venger.
Je me flatte avec vous qu'un fi trifte efclavage,
Doit plier de fon cœur la fermeté fauvage,
Que ce paffage heureux & fi peu préparé
Du-rang le plus abject à ce premier degré,
Le poids de la raifon qu'une mere autorife,
L'ambition fur-tout la rendra plus foumife.
Gardez qu'elle réfifte à fa félicité,
Il refte un châtiment pour fa témérité.
Ici votre indulgence & le nom de fon pere
Nouriffent fon orgueil au fein de la mifere.
Qu'elle craigne, Madame, un fort plus rigoureux,
Un exil fans retour & des fers plus honteux.

SCENE V.

CLITEMNESTRE, ELECTRE.

CLITEMNESTRE.

MA fille approchez - vous, & d'un œil moins
    auſtere
Enviſagez ces lieux, & ſur-tout une mere;
Je gémis en ſecret comme vous ſoupirez
De l'aviliſſement où vos jours ſont livrés;
Quoi qu'il fut dû peut-être à votre injuſte haine,
Je m'en afflige en mere, & m'en indigne en Reine,
J'obtiens grace pour vous; vos droits vous ſont
    rendus.

ELECTRE.

Ah Madame! à vos pieds.

CLITEMNESTRE.

          Je veux faire encor plus.

ELECTRE.

Eh quoi?

CLITEMNESTRE.

De votre ſang ſoutenir l'origine;
Du grand nom de Pelops réparer la ruine,
Réunir ſes enfans trop longtems diviſés.

ELECTRE.

Ah parlez-vous d'Oreſte? achevez, diſpoſez.

CLITEMNESTRE.

Je parle de vous-même , & votre ame obstinée
A son propre intérêt doit être ramenée.
De tant d'abaissement c'est peu de vous tirer ,
Electre, au trône un jour il vous faut aspirer.
Vous pouvez, si ce cœur connaît le vrai courage ,
De Micene & d'Argos espérer l'héritage :
C'est à vous de passer des fers que vous portez
A ce suprême rang des rois dont vous sortez ;
D'Egiste contre vous j'ai sçû fléchir la haine ;
Il veut vous voir en fille , il vous donne Plistene.
Plistene est d'Epidaure attendu chaque jour :
Votre hymen est fixé pour son heureux retour.
D'un brillant avenir goutez déja la gloire ;
Le passé n'est plus rien , perdez-en la mémoire.

ELECTRE.

A quel oubli , grands Dieux , ose-t'on m'inviter ?
Quel horrible avenir m'ose-t'on présenter ?
O sort, ô derniers coups tombés sur ma famille !
Songez-vous au héros dont Electre est la fille ?
Madame , osez-vous bien par un crime nouveau
Abandonner Electre au fils de son bourreau ?
Le sang d'Agamemnon ! qui ? moi ? la sœur
    d'Oreste ,
Electre , au fils d'Egiste , au neveu de Thieste !

Ah

Ah ! rendez - moi mes fers ; rendez - moi tout
   l'affront
Dont la main des tirans a fait rougir mon front ;
Rendez-moi les horreurs de cette servitude
Dont j'ai fait une épreuve & si longue & si rude ;
L'opprobre est mon partage , il convient à mon
   sort :
J'ai supporté la honte & vû de près la mort ;
Votre Egiste cent fois m'en avoit menacée,
Mais enfin c'est par vous qu'elle m'est annoncée.
Cette mort à mes sens inspire moins d'effroi
Que les horribles vœux qu'on éxige de moi,
Allez , de cet affront je voi trop bien la cause ;
Je vois quels nouveaux fers un lâche me pro-
   pose :
Vous n'avez plus de fils ; son assassin cruel
Craint les droits de ses sœurs au trône paternel :
Il veut forcer mes mains à seconder sa rage ;
Assurer à Plistene un sanglant héritage ;
Joindre un droit légitime aux droits des assassins,
Et m'unir aux forfaits par les nœuds les plus saints.
Ah ! si j'ai quelques droits , s'il est vrai qu'il les
   craigne ,
Dans ce sang malheureux que sa main les éteigne ;
Qu'il acheve à vos yeux de déchirer mon sein ,
Et si ce n'est assez prêtez-lui votre main ;

C

Frapez, joignez Electre à son malheureux frere ;
Frapez, dis - je, à vos coups je connaîtrai ma
   mere.

CLITEMNESTRE.

Ingrate, c'en est trop., & toute ma pitié
Céde enfin dans mon cœur à ton inimitié.
Que n'ai-je point tenté ? que pouvais-je plus faire
Pour fléchir, pour briser ton cruel caractère ?
Tendresse, châtimens, retour de mes bontés,
Tes reproches sanglans souvent même écoutés,
Raison, menace, amour, tout, jusqu'à la cou-
   ronne
Où tu n'as d'autres droits que ceux que je te donne ;
J'ai prié, j'ai puni, j'ai pardonné sans fruit :
Va, j'abandonne Electre au malheur qui la suit ;
Va, je suis Clitemnestre, & sur-tout je suis Reine,
Le sang d'Agamemnon n'a de droits qu'à ma
   haine ;
C'est trop flatter la tienne, & de ma faible main
Caresser le serpent qui déchire mon sein.
Pleure, tonne, gémis, j'y suis indifférente,
Je ne verrai dans toi qu'une esclave imprudente,
Flottant entre la plainte & la témérité,
Sous la puissante main de son maître irrité.
Je t'aimois malgré toi, l'aveu m'en est bien triste,
Je ne suis plus pour toi que la femme d'Egiste ;

Je ne fuis plus ta mere , & toi feule as rompu
Ces nœuds infortunés de ce cœur combattu
Ces nœuds qu'en frémiffant réclamoit la nature ,
Que ma fille détefte , & qu'il faut que j'abjure.

S C E N E   V I.

E L E C T R E *feule*.

ET c'eft ma mere , ô ciel ! fut-il jamais pour moi
Depuis la mort d'un pere , un jour plus plein
   d'effroi !
Hélas j'en ai trop dit : ce cœur plein d'amertume
Répandoit malgré lui le fiel qui le confume ;
Je m'emporte , il eft vrai , mais ne m'a-t'elle pas
D'Orefte , en fes difcours , annoncé le trépas ?
On offre fa dépouille à fa fœur défolée !
De ces lieux tout fanglans la nature éxilée ,
Et qui ne laiffe ici qu'un nom qui fait horreur ,
Se renfermoit pour lui toute entiere en mon cœur.
S'il n'eft plus , fi ma mere à ce point m'a trahie ,
A quoi bon ménager ma plus grande ennemie ?
Pourquoi ? pour obtenir de fes triftes faveurs
De ramper dans la cour de mes perfécuteurs ;
Pour lever en tremblant aux Dieux qui me trahiffent
Ces languiffantes mains que mes chaînes flétriffent ;

Pour voir avec des yeux de larmes obscurcis,
Dans le lit de mon pere, & sur son trône assis,
Ce monstre, ce tiran, ce ravisseur funeste,
Qui m'ôte encor ma mere & me prive d'Oreste.

SCENE VII.

ELECTRE, IPHISE.

IPHISE.

CHere Electre appaisez ces cris de la douleur.

ELECTRE.

Moi!

IPHISE.

Partagez ma joie.

ELECTRE.

Au comble du malheur.
Quelle funeste joie à nos cœurs étrangere !

IPHISE.

Espérons.

ELECTRE.

Non, pleurez, si j'en crois une mere.
Oreste est mort, Iphise.

IPHISE..

Ah ! si j'en crois mes yeux
Oreste vit encor, Oreste est en ces lieux.

ELECTRE.

Grands Dieux ! Oreste ? lui ? seroit-il bien possible ?
Ah ! gardez d'abuser une ame trop sensible…
Oresté , dites-vous ?

IPHISE.

Oui.

ELECTRE.

D'un songe flatteur
Ne me présentez pas la dangereuse erreur :
Oreste… Poursuivez ; je succombe à l'atteinte
Des mouvemens confus d'espérance & de crainte…

IPHISE.

Ma sœur , deux inconnus qu'à travers mille morts ,
La main d'un Dieu , sans doute, a jettés sur ces bords,
Recueillis par les soins du fidéle Pammene ;
L'un des deux…

ELECTRE.

Je me meurs & me soutiens à peine ;
L'un des deux…

IPHISE.

Je l'ai vû ; quel feu brille en ses yeux !
Il avoit l'air , le port, le front des demi-Dieux ,
Tel qu'on peint le héros qui triompha de Troie ;
La même majesté sur son front se déploie ;
A mes avides yeux soigneux de s'arracher ,
Chez Pammene en secret il semble se cacher :

Interdite, & le cœur tout plein de son image,
J'ai couru vous chercher sur ce triste rivage,
Sous ces sombres cyprès, dans ce temple éloigné,
Enfin vers ce tombeau de nos larmes baigné :
Je l'ai vû ce tombeau couronné de guirlandes,
De l'eau sainte arrosé, couvert encor d'offrandes ;
Des cheveux, si mes yeux ne se sont pas trompés,
Tels que ceux du héros dont mes sens sont frappés ;
Une épée, & c'est-là ma plus ferme espérance,
C'est le signe éclatant du jour de la vengeance :
Et quel autre qu'un fils, qu'un frere, qu'un héros,
Suscité par les Dieux pour le salut d'Argos,
Auroit osé braver ce tiran redoutable ?
C'est Oreste, sans doute : il en est seul capable ;
C'est lui, le ciel l'envoie, il m'en daigne avertir ;
C'est l'éclair qui paraît, la foudre va partir.

E L E C T R E.

Je vous crois ; j'attends tout : mais n'est-ce point un piége

Que tend de mon tiran la fourbe sacrilége ?
Allons. De mon bonheur il me faut assurer,
Ces étrangers... Courons, mon cœur va m'éclairer.

I P H I S E.

Pammene m'avertit, Pammene nous conjure
De ne point approcher de sa retraite obscure
Il y va de ses jours.

ELECTRE.

       Ah ! que m'avez-vous dit ?
Non : vous êtes trompée & le Ciel nous trahit.
Mon frere, après seize ans, rendu dans sa patrie,
Eût vôlé dans les bras qui sauverent sa vie,
Il eût porté la joie à ce cœur désolé ;
Loin de vous fuir, Iphise, il vous auroit parlé.
Ce fer vous rassuroit, & j'en suis allarmée !
Une mere cruelle est trop bien informée.
J'ai cru voir, & j'ai vû dans ses yeux interdits
Le barbare plaisir d'avoir perdu son fils.
N'importe, je conserve un reste d'espérance ;
Ne m'abandonnez pas, ô Dieux de la vengeance !
Pammene à mes transports pourra-t'il résister ?
Il faut qu'il parle, allons : rien ne peut m'arrêter.

IPHISE.

Vous vous perdez, songez qu'un maître impitoyable
Nous obséde, nous suit d'un œil inévitable.
Si mon frere est venu nous l'allons découvrir ;
Ma sœur, en lui parlant nous le faisons périr :
Et si ce n'est pas lui, notre recherche vaine
Irrite nos tirans, met en danger Pammene.
Venez à ce tombeau, vous pouvez l'honorer,
Et l'on ne vous a pas défendu d'y pleurer ;
Cet étranger, ma sœur, y peut paraître encore ;
C'est un asile sûr : & ce ciel que j'implore,

Ce ciel dont votre audace accuſe les rigueurs,
Pourra le rendre encor à vos cris, à mes pleurs :
Venez.

ELECTRE.

De quel eſpoir ma douleur eſt ſuivie !
Ah ſi vous me trompez, vous m'arrachez la vie.

Fin du ſecond Acte.

ACTE III.

SCENE PREMIERE.

ORESTE, PILADE, PAMMENE.

Un esclave dans l'enfoncement qui porte une urne & une épée.

PAMMENE.

QUe béni soit le jour si long-tems attendu,
Où le fils de mon maître à nos larmes rendu
Vient, digne de sa race & de sa destinée,
Venger d'Agamemnon la cendre profanée.
Je crains que le tiran, par son trouble averti,
Ne détourne un destin déja trop pressenti :
Il n'a fait qu'entrevoir & son juge & son maître,
Et sa rage a déja semblé le reconnaître ;
Il s'informe, il s'agite, il veut sur-tout vous voir ;
Vous-même, vous mêlez la crainte à mon espoir.
De vos ordres sacrés exécuteur fidéle ,
Je sonde les esprits, j'encourage leur zèle ;

Des sujets gémissans consolant la douleur,
Je leur montre de loin leur maître & leur vengeur.
La race des vrais rois tôt ou tard est chérie :
Le cœur s'ouvre aux grands noms d'Oreste & de
　　　patrie :
Tout semble autour de moi sortir d'un long som-
　　　meil ;
La vengeance assoupie est au jour du réveil,
Et le peu d'habitans de ces tristes retraites
Leve les mains au ciel & demande où vous êtes.
Mais je fremis de voir Oreste en ce désert,
Sans armes, sans soldats, prêt d'être découvert.
D'un barbare ennemi l'active vigilance
Peut prévenir d'un coup votre juste vengeance ;
Et contre ce tiran sur le trône affermi,
Vous n'amenez, hélas ! qu'Oreste & son ami.

P I L A D E.

C'est assez, & du ciel je reconnais l'ouvrage :
Il nous a tout ravi par ce cruel naufrage :
Il veut seul accomplir ses augustes desseins,
Pour ce grand sacrifice il ne veut que nos mains.
Tantôt de trente rois il arme la vengeance ;
Tantôt trompant la terre & frappant en silence,
Il veut, en signalant son pouvoir oublié,
N'armer que la nature & la seule amitié.

ORESTE.

Avec un tel ſecours Oreſte eſt ſans allarmes ,
Je n'aurai pas beſoin de plus puiſſantes armes.

PILADE.

Prend garde , cher Oreſte , à ne pas t'égarer
Au ſentier qu'un Dieu même a daigné te montrer ;
Prend garde à tes ſermens , à cet ordre ſuprême
De cacher ton retour à cette ſœur qui t'aime :
Ton repos , ton bonheur , ton regne eſt à ce prix ;
Commande à tes tranſports , diſſimule , obéis ,
Il la faut abuſer encor plus que ſa mere.

PAMMENE.

Remerciez les Dieux de cet ordre ſévère ;
A peine j'ai trompé ſes tranſports indiſcrets ,
Déja portant par-tout ſes pleurs & ſes regrets ,
Appellant à grands cris ſon vengeur & ſon frere ,
Et courant ſur vos pas dans ce lieu ſolitaire
Elle m'interrogeoit & me faiſoit trembler ;
La nature en ſecret ſembloit lui révéler
Par un preſſentiment trop tendre & trop funeſte ,
Que le ciel en ſes bras remet ſon cher Oreſte ;
Son cœur trop plein de vous ne peut ſe contenir.

ORESTE.

Quelle contrainte ! ô Dieux ! puis-je la ſoutenir ?

PILADE.

Vous balancez ; songez aux menaces terribles
Que vous faisoient ces Dieux, dont les secours
    sensibles
Vous ont rendu la vie au milieu du trépas ;
Contre leurs volontés si vous faites un pas,
Ce moment vous dévoue à leur haine fatale :
Tremblez, malheureux fils d'Atrée & de Tantale,
Tremblez de voir sur vous , dans ces lieux dé-
    testés ;
Tomber tous les fléaux du sang dont vous sortez.

ORESTE.

Quel est donc cher ami le destin qui nous guide ?
Quel pouvoir invincible à tous nos pas préside ?
Moi sacrilége ! moi, si j'écoute un instant
La voix du sang qui parle à ce cœur gémissant !
O justice éternelle ! abîmé impénétrable !
Ne distinguez-vous point le faible & le coupable,
Le mortel qui s'égare , ou qui brave vos loix ,
Qui trahit la nature , ou qui céde à sa voix ?
N'importe, est-ce à l'esclave à condamner son maître ?
Le ciel ne nous doit rien quand il nous donne l'être.
J'obéis... Je me tais... Nous avons apporté
Cette urne, cet anneau, ce fer ensanglanté :
Il suffit ; offrons-les loin d'Electre affligée,
Allons, je la verrai quand je l'aurai vengée.

à Pammene.

Va préparer les cœurs au grand événement
Que je dois consommer & que la Grece attend ;
Trompe sur-tout Egifte & ma coupable mere ,
Qu'ils goûtent de ma mort la douceur paffagere ;
Si pourtant une mere a pu porter jamais
Sur la cendre d'un fils des regards fatisfaits.
Va. Nous les attendrons tous deux à leur paffage.

SCENE II.

ELECTRE, IPHISE *d'un côté,*
ORESTE, PILADE *de l'autre avec*
l'Efclave qui porte l'urne & l'épée.

ELECTRE *à Iphife.*

L'Efpérance trompée accable & décourage.
Un feul mot de Pammene a fait évanouir
Ces fonges impofteurs dont vous ofiez jouir.
Ce jour faible & tremblant qui confoloit ma vuë
Laiffe une horrible nuit fur mes yeux répanduë.
Ah , la vie eft pour nous un cercle de douleurs.

ORESTE *à Pilade.*

Quelle eft cette Princeffe & cette efclave en pleurs ?

I P H I S E *à Electre.*

D'une erreur trop flatteuse, ô suite trop cruelle !

E L E C T R E.

Oreste, cher Oreste, en vain je vous appelle,
En vain pour vous revoir j'ai prolongé mes jours.

O R E S T E.

Quels accens ! elle appelle Oreste à son secours.

I P H I S E *à Electre.*

Voilà ces Etrangers.

E L E C T R E *à Iphise.*

Que ses traits m'ont frapée !
Helas ! ainsi que vous j'aurois été trompée.

à Oreste.

Eh, qui donc êtes-vous, Etrangers malheureux ?
Et qu'osez-vous chercher sur ce rivage affreux ?

P I L A D E.

Nous attendons ici les ordres, la présence
Du Roi qui tient Argos sous son obéissance.

E L E C T R E.

Qui, du Roi ? Quoi ! des Grecs osent donner ce nom
Au tiran qui versa le sang d'Agamemnon !

O R E S T E.

Cher Pilade, à ces mots, aux douleurs qui la pressent,
Aux pleurs qu'elle répand tous mes troubles renais-
sent.
Ah ! c'est Electre,

ELECTRE.

Helas ! vous voyez qui je fuis,
On reconnoît Electre à fes affreux ennuis...

IPHISE.

Du vainqueur d'Ilion voilà le trifte refte,
Ses deux filles, les fœurs du malheureux Orefte.

ORESTE.

Ciel ! foutiens mon courage.

ELECTRE

Eh, que demandez-vous
Au tiran dont le bras s'eft déployé fur nous ?

PILADE.

Je lui viens annoncer un deftin trop propice.

ORESTE.

Que ne puis-je du votre adoucir l'injuftice !
Je vous plains toutes deux, je détefte un devoir
Qui me force à combler votre long défefpoir.

IPHISE.

Seroit-il donc pour nous encor quelque infortune ?

ELECTRE.

Parlez, délivrez-moi d'une vie importune.

PILADE.

Orefte...

ELECTRE.

Eh bien, Orefte ?

ORESTE.

Où fuis-je !

IPHISE *en voyant l'urne.*

Dieux vengeurs!

ELECTRE.

Cette cendre. On se tait … Mon frere … je me
meurs!

IPHISE.

Il n'est donc plus? Faut-il voir encor la lumière!

ORESTE *à Pilade.*

Elle semble toucher à son heure dernière.
Ah! pourquoi l'ai-je vûë, impitoyables Dieux!

à celui qui porte l'urne.

Otez ce monument, gardez pour d'autres yeux
Cette urne dont l'aspect …

ELECTRE *revenant à elle*
& courant vers l'urne.

Cruel, qu'osez-vous dire!

Ah! ne m'en privez pas, & devant que j'expire,
Laissez, laissez toucher à mes tremblantes mains,
Ces restes échapés à des Dieux inhumains.
Donnez.

Elle prend l'urne & l'embrasse.

ORESTE.

Que faites-vous? cessez.

PILADE.

Le seul Egiste
Dût recevoir de nous ce monument si triste.

ELECTRE

ELECTRE.

Qu'éntens - je ! ô nouveau crime ! ô défaftres plus
  grands !
Les cendres de mon frere aux mains de mes tirans !
Des meurtriers d'Orefte , ô ciel , fuis-je entourée ?

ORESTE.

De ce reproche affreux mon ame déchirée ,
Ne peut plus...

ELECTRE.

   Et c'eft vous qui partagez mes pleurs !
Au nom du fils des Rois, au nom des Dieux ven-
  geurs ,
S'il n'eft pas mort par vous , fi vos mains généreufes
Ont daigné recueillir fes cendres malheureufes,

ORESTE.

Ah Dieux...

ELECTRE.

   Si vous plaignez fon trépas & ma mort ,
Répondez-moi, comment avez-vous fçu fon fort ?
Etiez-vous fon ami ? dites-moi qui vous êtes ,
Vous fur-tout dont les traits. ... Vos bouches font
  muettes ;
Quand vous m'affaffinez vous êtes attendris.

ORESTE.

C'en eft trop , & les Dieux font trop bien obéis.
D

ELECTRE.

Que dites-vous ?

ORESTE.

Laiſſez ces dépouilles horribles.

ELECTRE.

Tous les cœurs aujourd'hui ſeront-ils infléxibles !
Non , fatal étranger , je ne rendrai jamais
Ces préſens douloureux que ta pitié m'a faits ;
C'eſt Oreſte , c'eſt lui. .. Vois ſa ſœur expirante
L'embraſſer en mourant de ſa main défaillante.

ORESTE.

Je n'y réſiſte plus. Dieux inhumains , tonnez.
Electre...

ELECTRE.

Eh bien.

ORESTE.

Je dois.

PILADE.

Ciel !

ELECTRE.

Pourſuis.

ORESTE.

Apprenez.

SCENE III.

EGISTE, CLITEMNESTRE, ORESTE, PILADE, ELECTRE, IPHISE, PAMMENE, GARDES.

EGISTE.

Quel spectacle ! ô fortune à mes loix asservie !
Pammene, il est donc vrai ! mon rival est sans vie :
Vous ne me trompiez point, sa douleur m'en instruit.

ELECTRE.

O rage ! ô dernier jour !

ORESTE.

    Où me vois-je réduit !

EGISTE.

Qu'on ôte de ses mains ces dépouilles d'Oreste.

On prend l'urne des mains d'Electre.

ELECTRE.

Barbare, arrache-moi le seul bien qui me reste.
Tigre, avec cette cendre, arrache-moi le cœur,
Joins le pere aux enfans, joins le frere à la sœur ;
Monstre heureux, à tes pieds vois toutes tes victimes,
Jouis de ton bonheur, jouis de tous tes crimes.
Contemplez avec lui des spectacles si doux,
Mere trop inhumaine, ils sont dignes de vous.

Iphise l'emmene.

SCENE IV.

EGISTE, CLITEMNESTRE, ORESTE, PILADE, GARDES.

CLITEMNESTRE.

Que me faut-il entendre ?

EGISTE.

Elle en fera punie.
Qu'elle fe plaigne au ciel, ce ciel me juftifie ;
Sans me charger du meurtre, il l'a du moins permis :
Nos jours font affurés, nos trônes affermis.
Voilà donc ces deux Grecs échapés du naufrage,
De qui je dois payer le zèle & le courage.

ORESTE.

C'eft nous-même. Et j'ai dû vous offrir ces préfens,
D'un important trépas gages intéreffans,
Ce glaive, cet anneau … Vous devez le connaître ;
Agamemnon l'avoit quand il fut votre maître.

CLITEMNESTRE.

Quoi ! ce feroit par vous qu'au tombeau defcendu…

EGISTE.

Si vous m'avez fervi, le prix vous en eft dû.

De quel sang êtes-vous ? qui vois-je en vous paraître ?

ORESTE.

Mon nom n'est point connu . . . Seigneur, il pourra
l'être.

Mon pere aux champs troyens a signalé son bras
Aux yeux de tous ces Rois vengeurs de Ménélas.
Il périt dans ces temps de malheurs & de gloire,
Qui des Grecs triomphans ont suivi la victoire.
Ma mere m'abandonne, & je suis sans secours ;
Des ennemis cruels ont poursuivi mes jours.
Cet ami me tient lieu de fortune & de pere :
J'ai recherché l'honneur & bravé la misere.
Seigneur, tel est mon sort.

EGISTE.

Dites-moi dans quels lieux
Votre bras m'a vengé de ce Prince odieux.

ORESTE.

Dans les champs d'Hermione, au tombeau d'Ache-
more,
Dans un bois qui conduit au temple d'Epidaure.

EGISTE.

Mais le Roi d'Epidaure avoit proscrit ses jours ;
D'où vient qu'à ses bienfaits vous n'avez point re-
cours ?

ORESTE.

Je chéris la vengeance, & je hais l'infamie.
Ma main d'un ennemi n'a point vendu la vie.

D iij

Des intérêts secrets, Seigneur, m'avoient conduit :
Cet ami les connut, il en fut seul instruit.
Sans implorer des rois je venge ma querelle.
Je suis loin de vanter ma victoire & mon zèle,
Pardonnez. Je frissonne à tout ce que je voi,
Seigneur. . . d'Agamemnon la veuve est devant
        moi. . .
Peut-être je la sers, peut-être je l'offense :
Il ne m'appartient pas de braver sa présence.
Souffrez.

EGISTE.

Non, demeurez.

CLITEMNESTRE.

                Qu'il s'écarte, Seigneur.
Cette urne, ce récit me remplissent d'horreur.
Le ciel veille sur vous, il soutient votre empire,
Rendez grace & souffrez qu'une mere soupire.

ORESTE.

Madame . . . J'avois crû que proscrit dans ces lieux,
Le fils d'Agamemnon vous étoit odieux.

CLITEMNESTRE.

Je ne vous cache point qu'il me fut redoutable.

ORESTE.

A vous ?

CLITEMNESTRE.

Il étoit né pour devenir coupable.

ORESTE.

Envers qui ?

CLITEMNESTRE.

Vous fçavez qu'errant & malheureux
De haïr une mere il eut le droit affreux.
Né pour fouiller fa main du fang qui l'a fait
naître...
Tel fut le fort d'Orefte & fon deffein peut-être :
De fa mort cependant mes fens font pénétrés ;
Vous me faites frémir ; vous qui m'en délivrez.

ORESTE.

Qui lui , Madame ? un fils armé contre fa mere ?
Ah , qui peut effacer ce facré caractère !
Il refpectoit fon fang... peut-être il eût voulu...

CLITEMNESTRE.

Ah ciel !

EGISTE.

Que dites-vous ? où l'aviez-vous connu ?

PILADE.

Il fe perd... Aifément les malheureux s'uniffent ;
Trop promptement liés , promptement ils s'ai-
griffent :
Nous le vîmes dans Delphe.

D iv

O R E S T E.

Oui... j'y sçus son dessein.

E G I S T E.

Eh bien, quel étoit-il ?

O R E S T E.

De vous percer le sein.

E G I S T E.

Je connaissais sa rage , & je l'ai méprisée.
Mais de ce nom d'Oreste Electre autorisée
Sembloit tenir encor tout l'état partagé ;
C'est d'Electre sur-tout que vous m'avez vengé.
Elle a mis aujourd'hui le comble à ses offenses :
Comptez-la désormais parmi vos récompenses.
Oui, ce superbe objet contre moi conjuré,
Ce cœur enflé d'orgueil & de haine enivré,
Qui même de mon fils dédaigna l'alliance ;
Digne sœur d'un barbare avide de vengeance,
Je la mets dans vos fers ; elle va vous servir :
C'est m'acquitter vers vous bien moins que la punir.
Si de Priam jadis la race malheureuse,
Traîna chez ses vainqueurs une chaîne honteuse ;
Le sang d'Agamemnon peut servir à son tour.

C L I T E M N E S T R E.

Qui moi, je souffrirais ?

E G I S T E.

Eh Madame , en ce jour

Défendez-vous encor ce fang qui vous détefte ?

N'épargnez point Electre, ayant profcrit Orefte.

    à Orefte.

Vous... Laiffez cette cendre à mon jufte courroux.

ORESTE.

J'accepte vos préfens; cette cendre eft à vous.

CLITEMNESTRE.

Non : c'eft pouffer trop loin la haine & la ven-
    geance ;

Qu'il parte, qu'il emporte une autre récompenfe.

Vous-même, croyez-moi, quittons ces triftes bords

Qui n'offrent à mes yeux que les cendres des morts.

Ofons-nous préparer ce feftin fanguinaire

Entre l'urne du fils & la tombe du pere ?

Ofons-nous appeller à nos folemnités

Les Dieux de ma famille à qui vous infultez,

Et livrer dans les jeux d'une pompe funefte

Le fang de Clitemneftre au meurtrier d'Orefte ?

Non, trop d'horreur ici s'obftine à me troubler ;

Quand je connais la crainte, Egifte peut trembler.

Ce meurtrier m'accable, & je fens que fa vue

A porté dans mon cœur un poifon qui me tue.

Je céde & je voudrais, dans ce mortel effroi,

Me cacher à la terre, & s'il fe peut à moi.

                   Elle fort.

E G I S T E *à Oreste.*

Demeurez. Attendez que le tems la défarme.

La nature un moment jette un cri qui l'allarme ;

Mais bientôt dans un cœur à la raifon rendu

L'intérêt parle en maître, & feul eft entendu.

En ces lieux, avec nous, célébrez la journée

De fon couronnement & de mon hymenée.

à fa fuite.

Et vous ; . . . dans Epidaure allez chercher mon fils ;

Qu'il vienne confirmer tout ce qu'ils m'ont appris.

SCENE V.

ORESTE, PILADE.

ORESTE.

V A, tu verras Orefte à tes pompes cruelles ;

Va, j'enfanglanterai la fête où tu m'appelles.

PILADE.

Dans tous ces entretiens que j'ai tremblé pour vous !

J'ai craint votre tendreffe & plus votre courroux ;

Dans fes émotions j'ai vu votre ame altiére

A l'afpect du tyran s'élançant toute entiere ;

Tout prêt de l'infulter, tout prêt de vous trahir,

Au nom d'Agamemnon vous m'avez fait frémir.

ORESTE.

Ah Clitemneftre encor trouble plus mon courage,
Dans mon cœur déchiré quel douloureux partage !
As-tu vu dans fes yeux, fur fon front interdit,
Les combats qu'en fon ame excitoit mon récit ?
Je les éprouvois tous ; ma voix étoit tremblante,
Ma mere en me voyant s'effraye, & m'épouvante ;
Le meurtre de mon pere, & mes fœurs à venger,
Uu barbare à punir, la Reine à ménager,
Electre, mon tiran, mon fang qui fe fouléve ;
Que de tourmens fecrets ! ô Dieu terrible achéve !
Précipite un moment trop lent pour ma fureur,
Ce moment de vengeance & que prévient mon cœur.
Quand pourrai - je fervir ma tendreffe & ma haine,
Mêler le fang d'Egifte aux tendres de Plifténe ;
Immoler ce tyran, le montrer à ma fœur
Expirant fous mes coups pour la tirer d'erreur ?

SCENE VI.

ORESTE, PILADE, PAMMENE.

ORESTE.

Qu'as - tu fait cher Pammene ? as - tu quelque
  efpérance ?

PAMMENE.

Seigneur, depuis ce jour fatal à votre enfance,

Où j'ai vû dans ces lieux votre pere égorgé,
Jamais plus de périls ne vous ont affiégé.

ORESTE.

Comment ?

PILADE.

Quoi, pour Oreste aurai-je à craindre encore?

PAMMENE.

Il arrive à l'inftant un courier d'Epidaure,
Il eft avec Egifte ; il glace mes efprits ;
Egifte eft informé de la mort de fon fils.

PILADE.

Ciel !

ORESTE.

Sçait-il que ce fils élevé dans le crime,
Du fils d'Agamemnon eft tombé la victime?

PAMMENE.

On parle de fa mort, on ne dit rien de plus.
Mais de nouveaux avis font encor attendus.
On fe tait à la cour, on cache à la contrée
Que d'un de fes tirans la Gréce eft délivrée ;
Egifte avec la Reine en fecret renfermé
Ecoute ce récit qui n'eft pas confirmé:
Et c'eft ce que j'apprends d'un ferviteur fidéle,
Qui pour le fang des Rois comme moi plein de zéle,
Gémiffant & caché, traîne encor fes vieux ans
Dans un fervice ingrat à la cour des tirans.

ORESTE.

De la vengeance au moins j'ai gouté les prémices ;
Mes mains ont commencé mes justes sacrifices ;
Les Dieux permettront - ils que je n'achéve pas ?
Cher Pilade, est-ce en vain qu'ils ont armé mon bras ?
Par des bienfaits trompeurs éxerçant leur colere,
M'ont - ils donné le fils pour me livrer au pere ?
Marchons, notre péril doit nous déterminer ;
Qui ne craint point la mort est sûr de la donner.
Avant qu'un jour plus grand puisse éclairer sa rage,
Je veux de ce moment saisir tout l'avantage.

PAMMENE.

Eh bien il faut paraître, il faut vous découvrir
A ceux qui pour leur Roi sçauront du moins mou-
    rir.
Il en est, j'en réponds, cachés dans ces asiles,
Plus ils sont inconnus, plus ils seront utiles.

PILADE.

Allons, & si les noms d'Oreste & de sa sœur,
Si l'indignation contre l'Usurpateur,
Le tombeau de ton pere & l'aspect de sa cendre,
Les Dieux qui t'ont conduit, ne peuvent te défendre,
S'il faut qu'Oreste meure en ces lieux abhorrés,
Je t'ai voué mes jours, ils te sont consacrés ;
Nous périrons unis ; c'est l'espoir qui me reste ;
Pilade à tes côtés mourra digne d'Oreste.

ORESTE.

Ciel ne frappe que moi, mais daigne en ta pitié
Protéger son courage , & servir l'amitié !

Fin du troisiéme Acte.

ACTE IV.

SCENE PREMIERE.

ORESTE, PILADE.

ORESTE.

DE Pammene il est vrai l'adroite vigilance,
D'Egiste pour un tems trompe la défiance ;
On lui dit que les Dieux de Tantale ennemis
Frapoient en même-tems les derniers de ses fils.
Peut-être que le Ciel qui pour nous se déclare
Répand l'aveuglement sur les yeux du barbare.
Mais tu vois ce tombeau si cher à ma douleur,
Où ma main frémissante offrit ce fer vengeur ;
Ce fer est enlevé par des mains sacriléges.
L'asile de la mort n'a plus de priviléges ;
Et je crains que ce glaive à mon tiran porté,
Ne lui donne sur nous quelque affreuse clarté.
Précipitons l'instant où je veux le surprendre.

PILADE.

Pammene veille à tout, sans doute il faut l'attendre ;

Dès que nous aurons vû dans ces bois écartés
Le peu de vos sujets à vous suivre excités ,
Par trois divers chemins retrouvons-nous ensemble,
Non loin de cette tombe , au lieu qui nous rassemble.

O R E S T E.

Allons. .. Pilade, ah Ciel ! ah trop barbare loi !
Ma rigueur assassine un cœur qui vit pour moi.
Quoi j'abandonne Electre à sa douleur mortelle !

P I L A D E.

Tu l'as juré, poursuis, & ne redoute qu'elle.
Electre peut te perdre, & ne peut te servir :
Les yeux de tes tirans font tout prêts de s'ouvrir ;
Renferme cette amour & si sainte & si pure ;
Doit-on craindre en ces lieux de dompter la nature ?
Ah ! de quels sentimens te laisses-tu troubler ?
Il faut venger Electre & non la consoler.

O R E S T E.

Pilade , elle s'avance, & me cherche peut-être.

P I L A D E.

Ses pas sont épiés ; garde-toi de paraître.
Va, j'observerai tout avec empressement :
Les yeux de l'amitié se trompent rarement.

SCENE

SCENE II.

ELECTRE, IPHISE, PILADE.

ELECTRE.

LE perfide... il échape à ma vûe indignée.
En proye à ma fureur, & de larmes baignée,
Je reste sans vengeance, ainsi que sans espoir.

à Pilade.

Toi, qui sembles frémir, & qui n'oses me voir :
Toi, compagnon du crime, apprend-moi donc
    barbare
Où va cet assassin, de mon sang trop avare ;
Ce maître à qui je suis, qu'un tiran m'a donné.

PILADE.

Il remplit un devoir par le Ciel ordonné ;
Il obéit aux Dieux ; imitez-le, Madame ;
Les arrêts du destin trompent souvent notre âme ;
Il conduit les mortels, il dirige leurs pas
Par des chemins secrets qu'ils ne connoissent pas :
Il plonge dans l'abîme, & bientôt en retire ;
Il accable de fers, il éléve à l'Empire ;
Il fait trouver la vie au milieu des tombeaux ;
Gardez de succomber à vos tourmens nouveaux,
Soumettez-vous ; c'est tout ce que je puis vous dire.

E

SCENE III.

ELECTRE, IPHISE.

ELECTRE.

Ses discours ont accrû la fureur qui m'inspire.
Que veut - il ? Prétend - il que je doive souffrir
L'abominable affront dont on m'ose couvrir ?
La mort d'Agamemnon, l'assassinat d'un frére,
N'avoient donc pu combler ma profonde misére !
Après quinze ans de maux & d'opprobres soufferts,
De l'assassin d'Oreste il faut porter les fers,
Et pressée en tout tems d'une main meurtriere,
Servir tous les bourreaux de ma famille entiere !
Glaive affreux, fer sanglant, qu'un outrage nouveau
Exposoit en triomphe à ce sacré tombeau,
Fer teint du sang d'Oreste, éxécrable trophée,
Qui trompas un moment ma douleur étoufée,
Toi qui n'es qu'un outrage à la cendre des morts,
Sers un projet plus digne & mes justes efforts !
Egiste m'a - t - on dit s'enferme avec la Reine ;
De quelque nouveau crime il prépare la scene ;
Pour fuir la main d'Electre, il prend de nouveaux soins ;
A l'assassin d'Oreste on peut aller du moins ;

Je ne peux me baigner dans le fang des deux traîtres :
Allons, je vais du moins punir un de mes maîtres.

IPHISE.

Je fuis loin de blâmer des douleurs que je fens ,
Mais fouffrez mes raifons dans vos emportemens ;
Tout parle ici d'Orefte ; on prétend qu'il refpire ,
Et le trouble du Roi femble encor nous le dire.
Vous avez vû Pammene avec cet étranger ,
Lui parler en fecret , l'attendre , le chercher ;
Pammene de nos maux confolateur utile ,
Au milieu des regrets vieilli dans cet afile ,
Jufqu'à tant de baffeffe a-t'il pû s'oublier ?
Eft-il d'intelligence avec le meurtrier ?

ELECTRE.

Que m'importe , un vieillard qu'on aura pû féduire !
Tout nous trahit, ma fœur, tout fert à m'en inftruire ;
Ce cruel étranger lui-même avec éclat
Ne s'eft-il pas vanté de fon affaffinat ?
Egifte au meurtrier ne m'a-t'il pas donnée ?
Ne fuis-je pas enfin la preuve infortunée ,
La victime, le prix de ces noirs attentats
Dont vous ofez douter quand je meurs dans vos bras,
Quand Orefte au tombeau m'appelle avec fon pere ?
Ma fœur, ah fi jamais Electre vous fut chére,
Ayez du moins pitié de mon dernier moment ;
Il faut qu'il foit terrible , il faut qu'il foit fanglant.

Allez, informez-vous de ce que fait Pammene,
Et si le meurtrier n'est point avec la Reine...
La cruelle a, dit-on, flatté mes ennemis;
Tranquille elle a reçu l'assassin de son fils.
On l'a vû partager (& ce crime est croyable)
De son indigne époux la joie impitoyable.
Une mère! ah grands Dieux!... ah je veux de ma
    main
A ses yeux, dans ses bras, immoler l'assassin,
Je le veux.

I P H I S E.

    Vos douleurs lui font trop d'injustice :
L'aspect du meurtrier est pour elle un supplice.
Ma sœur, au nom des Dieux ne précipitez rien,
Je vais avec Pammene avoir un entretien :
Electre, où je m'abuse, où l'on s'obstine à taire,
A cacher à nos yeux un important mystere;
Peut-être on craint en vous ces éclats douloureux,
Imprudence excusable au cœur des malheureux.
On se cache de vous, Pammene vous évite,
J'ignore comme vous quel projet il médite :
Laissez-moi lui parler, laissez-moi vous servir.
Ne vous préparez pas un nouveau repentir.

SCENE IV.

ELECTRE *seule*.

MEs tirans de Pammene ont vaincu la faibleſſe ;
Le courage s'épuiſe & manque à la vieilleſſe ;
Que peut contre la force un vain reſte de foi ?
Pour moi, pour ma vengeance il ne reſte que moi.
Eh bien c'en eſt aſſez : mes mains déſeſpérées
Dans ce grand abandon feront plus aſſurées.
Euménides venez, ſoyez ici mes Dieux ;
Accourez de l'enfer en ces horribles lieux,
En ces lieux plus cruels & plus remplis de crimes,
Que vos gouffres profonds régorgeant de victimes !
Filles de la vengeance armez-vous, armez-moi ;
Venez avec la mort qui marche avec l'effroi ;
Que vos fers, vos flambeaux, vos glaives étincellent ;
Oreſte, Agamemnon, Electre vous appellent !
Les voici, je les vois, & les vois ſans terreur,
L'aſpect de mes tirans m'inſpiroit plus d'horreur.
Ah ! le barbare approche ; il vient, ſes pas impies
Sont à mes yeux vengeurs entourés des Furies ;
L'enfer me le déſigne, & le livre à mon bras.

E iij

SCENE V.

ELECTRE *dans le fond,* **ORESTE** *d'un autre côté.*

ORESTE.

Ou suis - je ? C'est ici qu'on adreſſa mes pas,
O ma patrie ! ô terre à tous les miens fatale,
Redoutable berceau des enfans de Tantale ;
Famille des héros & des grands criminels,
Les malheurs de ton ſang feront-ils éternels !
L'horreur qui regne ici m'environne & m'accable.
De quoi ſuis-je puni ? de quoi ſuis-je coupable ?
Au ſort de mes ayeux ne pourrai-je échaper ?

ELECTRE *avançant un peu*
du fond du Théâtre.

Qui m'arrête ! & d'où vient que je crains de fraper ?
Avançons.

ORESTE.

Quelle voix ici s'eſt fait entendre ?
Pere, époux malheureux, chére & terrible cendre ;
Eſt - ce toi qui gémis ombre d'Agamemnon ?

ELECTRE.

Juſte Ciel ! eſt - ce à lui de prononcer ce nom ?

D'où vient qu'il s'attendrit ? je l'entends qui soupire,
Les remords en ces lieux ont-ils donc quelqu'empire ?
Qu'importe des remords à l'horreur où je suis !

Elle avance vers Oreste.

Le voilà seul, frapons... meurs... traître... je ne puis...

ORESTE.

Ciel ! Electre est - ce vous, furieuse, tremblante ?

ELECTRE.

Ah je crois voir en vous un Dieu qui m'épouvante !
Assassin de mon frère, oui j'ai voulu ta mort,
J'ai fait pour te fraper un impuissant effort :
Ce fer m'est échapé ; tu braves ma colère,
Je céde à ton génie ; & je trahis mon frere.

ORESTE.

Ah loin de le trahir.... où me suis - je engagé !

ELECTRE.

Si - tôt que je vous vois, tout mon cœur est changé.
Quoi, c'est vous qui tantôt me remplissiez d'al-
        larmes !

ORESTE.

C'est moi qui de mon sang voudrais payer vos larmes:

ELECTRE.

Le nom d'Agamemnon vient de vous échaper.
Juste Ciel ! à ce point ai - je pû mé tromper ?
Ah ! ne me trompez plus, parlez, il faut m'apprendre
L'excès du crime affreux que j'allois entreprendre.

Par pitié répondez, éclairez - moi, parlez.

ORESTE.

O sœur du tendre Oreste ! évitez-moi, tremblez !

ELECTRE.

Pourquoi ?

ORESTE.

Ceffez... Je fuis... Gardez qu'on ne vous voie !

ELECTRE.

Ah vous me rempliffez de terreur & de joie !

ORESTE.

Si vous aimez un frere.

ELECTRE.

               Oui je l'aime, oui je crois

Voir les traits de mon pere, entendre encor fa voix ;

La nature nous parle, & perce ce myftére,

Ne lui réfiftez pas : oui vous êtes mon frere,

Vous l'êtes, je vous vois, je vous embraffe ; hélas !

Cher Orefte, & ta fœur a voulu ton trépas !

ORESTE *en l'embraffant.*

Le Ciel menace en vain, la nature l'emporte,

Un Dieu me retenoit, mais Electre eft plus forte.

ELECTRE.

Il ta rendu ta fœur, & tu crains fon couroux !

ORESTE.

Ses ordres menaçans me déroboient à vous.

Est - il barbare assez pour punir ma faiblesse ?

ELECTRE.

Ta faiblesse est vertu, partage mon ivresse,
A quoi m'exposois-tu , cruel, à t'immoler ?

ORESTE.

J'ai trahi mon serment.

ELECTRE.

Tu l'as dû violer.

ORESTE.

C'est le secret des Dieux.

ELECTRE.

C'est moi qui te l'arrache,
Moi qu'un serment plus saint à leur vengeance atta-
che ;
Que crains - tu ?

ORESTE.

Les horreurs où je suis destiné,
Les oracles, ces lieux, ce sang dont je suis né.

ELECTRE.

Ce sang va s'épurer ; viens punir le coupable ;
Les oracles, les Dieux, tout nous est favorable ;
Ils ont paré mes coups, ils vont guider les tiens.

SCENE VI.

ELECTRE, ORESTE, PILADE, PAMMENE.

ELECTRE.

AH venez & joignez tous vos transports aux
   miens !
Unissez - vous à moi chers amis de mon frere.

PILADE *à Oreste.*

Quoi , vous avez trahi ce dangereux mystére !
Pouvez-vous ?...

ORESTE.

    Si le ciel veut se faire obéir ,
Qu'il me donne des loix que je puisse accomplir.

ELECTRE *à Pilade.*

Quoi vous lui reprochez de finir ma misère ?
Cruels, par quelle loi , par quel ordre sévère ,
De mes persécuteurs prenant les sentimens,
Dérobiez-vous Oreste à mes embrassemens ?
A quoi m'exposiez-vous ? Quelle rigueur étrange...

PILADE.

Je voulois le sauver, qu'il vive & qu'il vous venge.

PAMMENE.

Princesse on vous observe en ces lieux détestés ;
On entend vos soupirs, & vos pas sont comptés.
Ses amis inconnus, & dont l'humble fortune
Trompe de nos tirans la recherche importune,
Ont adoré leur maître ; il étoit secondé ;
Tout étoit prêt, Madame, & tout est hasardé.

ELECTRE.

Mais Egiste en effet ne m'a - t - il pas livrée
A la main qu'il croyoit de mon sang altérée ?

à Oreste.

Mon sort à vos destins n'est-il pas asservi ?
Oui vous êtes mon maître ; Egiste est obéi ;
Du barbare une fois la volonté m'est chere !
Tout est ici pour nous.

PAMMENE.

Tout vous devient contraire ;
Egiste est allarmé, redoutez son transport ;
Ses soupçons bien souvent sont un arrêt de mort.
Séparons - nous.

PILADE *à Pammene.*

Va, cours, ami fidéle & sage,
Rassemble tes amis, achéve ton ouvrage.
Ces momens nous sont chers ; il est tems d'éclater.

SCENE VII.

EGISTE, CLITEMNESTRE, ELECTRE, ORESTE, PILADE. GARDES.

EGISTE.

Miniftres de mes loix, hâtez - vous d'arrêter,
Dans l'horreur des cachots de plonger ces deux
    traîtres.

ORESTE.

Autrefois dans Argos il régnoit d'autres maîtres,
Qui connaiffoient les droits de l'hofpitalité.

PILADE.

Egifte contre toi qu'avons - nous attenté ?
De ce héros au moins refpecte la jeuneffe.

EGISTE.

Allez, & fecondez ma fureur vengereffe :
Quoi donc à fon afpect vous femblez tous frémir !
Allez, dis - je, & gardez de me défobéir :
Qu'on les traîne.

ELECTRE.

    Arrêtez ! Ofez-vous bien barbare ?
Arrêtez ! Le Ciel même eft de leur fang avare,

Ils font tous deux facrés... on les entraîne... ah
    Dieux !

EGISTE.

Electre frémiffez pour vous comme pour eux,
Perfide en m'éclairant redoutez ma colére.

SCENE VII.

ELECTRE, CLITEMNESTRE.

ELECTRE.

AH daignez m'écouter ! & fi vous êtes mere,
Si j'ofe rappeller vos premiers fentimens,
Pardonnez pour jamais mes vains emportemens,
D'une douleur fans borne, effet inévitable :
Hélas dans les tourmens la plainte eft excufable.
Pour ces deux étrangers laiffez-vous attendrir.
Peut-être que dans eux le Ciel vous daigne offrir
La feule occafion d'expier des offenfes,
Dont vous avez tant craint les terribles vengeances ;
Peut-être en les fauvant tout peut fe réparer.

CLITEMNESTRE.

Quel intérêt pour eux vous peut donc infpirer ?

ELECTRE.

Vous voyez que les Dieux ont respecté leur vie,
Ils les ont arrachés à la mer en furie ;
Le Ciel vous les confie, & vous répondez d'eux.
L'un d'eux… si vous sçaviez… tous deux sont mal-
    heureux.
Sommes-nous dans Argos, ou bien dans la Tauride,
Où de meurtres sacrés une Prêtresse avide ,
Du sang des étrangers fait fumer son autel ?
Et bien pour les ravir tous deux au coup mortel ,
Que faut-il, ordonnez. J'épouserai Plistene ;
Parlez : j'embrasserai cette effroyable chaîne ,
Ma mort suivra l'hymen ; mais je veux l'achever ;
J'obéis , j'y consens.

CLITEMNESTRE.

        Voulez-vous me braver ?
Ou bien ignorez-vous qu'une main ennemie
Du malheureux Plistene a terminé la vie ?

ELECTRE.

Quoi donc le Ciel est juste ? Egiste perd un fils ?

CLITEMNESTRE.

De joie à ce discours je vois vos sens saisis !

ELECTRE.

Ah ! dans le désespoir où mon ame se noye ,
Mon cœur ne peut gouter une funeste joie ;

Non je n'infulte point au fort d'un malheureux ,
Et le fang innocent n'eft pas ce que je veux.
Sauvez ces étrangers ; mon ame intimidée
Ne voit point d'autre objet , & n'a point d'autre
     idée.

CLITEMNESTRE.

Va , je t'entends trop bien ; tu m'as trop confirmé
Les foupçons dont Egifte étoit tant allarmé ;
Ta bouche eft de mon fort l'interpréte funefte,
Tu n'en as que trop dit , l'un des deux eft Orefte.

ELECTRE.

Ah bien s'il étoit vrai ! fi le Ciel l'eut permis. . .
Si dans vos mains , Madame , il mettoit votre fils. . .

CLITEMNESTRE.

O moment redouté ! que faut - il que je faffe ?

ELECTRE.

Quoi , vous héfiteriez à demander fa grace !
Lui ! votre fils ! ô Ciel !.... quoi fes périls paffés....
Il eft mort : c'en eft fait, puifque vous balancez.

CLITEMNESTRE.

Je ne balance point : va, ta fureur nouvelle,
Ne peut même affaiblir ma bonté maternelle ;
Je le prends fous ma garde, il pourra m'en punir...
Son nom feul me prépare un cruel avenir....
N'importe.... je fuis mere , il fuffit, inhumaine,
J'aime encor mes enfans. . . tu peux garder ta haine.

ÉLECTRE.

Non, Madame, à jamais je suis à vos genoux.
Ciel ! enfin tes faveurs égalent ton couroux,
Tu veux changer les cœurs, tu veux sauver mon
     frere,
Et pour comble de biens tu m'as rendu ma mere.

Fin du quatriéme Acte.

ACTE

ACTE V.

SCENE PREMIERE.

ELECTRE.

ON m'interdit l'accès de cette affreuſe enceinte :
Je cours ; je viens ; j'attends ; je me meurs dans la
    crainte :
En vain je tends aux Dieux ces bras chargés de fers :
Iphiſe ne vient point, les chemins ſont ouverts ;
La voici, je frémis.

SCENE II.

ELECTRE, IPHISE.

ELECTRE.

QUe faut-il que j'eſpere ?
Qu'à-t'on fait ? Clitemneſtre oſe-t'elle être mere ?

Ah fi… Mais un tiran l'affervit aux forfaits.
Peut-elle réparer les malheurs qu'elle a faits ?
En a-t'elle la force ? en a-t'elle l'idée ?
Parlez. Défefpérez mon ame intimidée ,
Achevez mon trépas.

I P H I S E.

                J'efpere , mais je crains :
Egifte a des avis , mais ils font incertains ;
Il s'égare , il ne fçait dans fon trouble funefte ,
S'il tient entre fes mains le malheureux Orefte ;
Il n'a que des foupçons qu'il n'a point éclaircis ;
Et Clitemneftre au moins n'a point nommé fon
     fils :
Elle le voit , l'entend , ce moment la rappelle
Aux premiers fentimens d'une ame maternelle ;
Ce fang prêt à couler parle à fes fens furpris ,
Epouvantés d'horreur , & d'amour attendris.
J'obfervois fur fon front tout l'effort d'une mere
Qui tremble de parler & qui craint de fe taire ;
Elle défend les jours de ces infortunés ,
Deftinés au trépas fitôt que foupçonnés ;
Aux fureurs d'un époux à peine elle réfifte ;
Elle retient le bras de l'implacable Egifte.
Croyez-moi , fi fon fils avoit été nommé ,
Le crime , le malheur eût été confommé ;
Orefte n'étoit plus.

ELECTRE.

O comble de misere !
Je le trahis peut-être en implorant ma mere.
Son trouble irritera ce monstre furieux.
La nature en tout tems est funeste en ces lieux ;
Je crains également sa voix & son silence,
Mais le péril croissoit, j'étois sans espérance.
Que fait Pammene ?

IPHISE.

Il a dans nos dangers pressans
Ranimé la lenteur de ses débiles ans ;
L'infortune lui donne une force nouvelle,
Il parle à nos amis, il excite leur zèle ;
Ceux même, dont Egiste est toujours entouré,
A ce grand nom d'Oreste ont déja murmuré.
J'ai vû de vieux soldats qui servoient sous le pere,
S'attendrir sur le fils & frémir de colere ;
Tant aux cœurs des humains la justice & les loix,
Même aux plus endurcis font entendre leur voix.

ELECTRE

Grands Dieux ! si j'avois pu dans ces ames tremblantes

Enflâmer leurs vertus à peine renaissantes,
Jetter dans leurs esprits trop faiblement touchés
Tous ces emportemens qu'on m'a tant reprochés :

Si mon frere , abordé sur cette terre impie,
M'eût confié plutôt le secret de sa vie,
Si du moins jusqu'au bout Pammene avoit tenté !...

SCENE II.

EGISTE, CLITEMNESTRE, ELECTRE, IPHISE, GARDES.

EGISTE.

QU'on saisisse Pammene & qu'il soit confronté
Avec ces étrangers destinés au supplice.
Il est leur confident, leur ami, leur complice.
Dans quel piége effroyable ils alloient me jetter !
L'un des deux est Oreste, en pouvez-vous douter ?

à Clitemnestre.

Cessez de vous tromper , cessez de le défendre.
Je vois tout & trop bien. Cette urne , cette cendre ,
C'est celle de mon fils ; un pere gémissant
Tient de son assassin cet horrible présent.

CLITEMNESTRE.

Croyez-vous ?...

EGISTE.

Oui, j'en crois cette haine jurée
Entre tous les enfans de Thieste & d'Atrée ;

J'en crois les tems , les lieux marqués par cette mort,
Et ma soif de venger son déplorable sort ,
Et les fureurs d'Electre , & les larmes d'Iphise ,
Et l'indigne pitié dont votre ame est surprise.
Oreste vit encor & j'ai perdu mon fils !
Le détestable Oreste en mes mains est remis ;
Et quel qu'il soit des deux , juste dans ma colere ,
Je l'immole à mon fils , je l'immole à sa mere.

CLITEMNESTRE.

Eh bien, ce sacrifice est horrible à mes yeux.

EGISTE.

A vous !

CLITEMNESTRE.

Assez de sang a coulé dans ces lieux ;
Je prétends mettre un terme aux cours des homicides,
A la fatalité du sang des Pélopides.
Si mon fils après tout n'est pas entre vos mains ,
Pourquoi verser du sang sur des bruits incertains ,
Pourquoi vouloir sans fruit la mort de l'innocence?
Seigneur , si c'est mon fils j'embrasse sa défense ;
Oui , j'obtiendrai sa grace, en dussai-je périr.

EGISTE.

Je dois la refuser afin de vous servir.
Redoutez la pitié qu'en votre ame on excite.
Tout ce qui vous fléchit me révolte & m'irrite ;

L'un des deux eſt Oreſte, & tous deux vont périr
Je ne peux balancer, je n'ai point à choiſir :
A moi, ſoldats.

I P H I S E.

Seigneur, quoi ! ſa famille entiere
Perdra-t-elle à vos pieds ſes cris & ſa priere ?

Elle ſe jette à ſes pieds.

Avec moi, chere Electre, embraſſez ſes genoux ;
Votre audace vous perd.

E L E C T R E.

Où me réduiſez-vous ?

Quel affront pour Oreſte & quel excès de honte !
Elle me fait horreur... eh bien je la ſurmonte.
Eh bien, j'ai donc connu la baſſeſſe & l'effroi !
Je fais ce que jamais je n'aurais fait pour moi.

Sans ſe mettre à genoux.

Cruel, ſi ton couroux peut épargner mon frere
(Je ne peux oublier le meurtre de mon pere)
Mais je pourrais du moins, muette à ton aſpect,
Me forcer au ſilence & peut-être au reſpect.
Que je demeure eſclave & que mon frere vive.

E G I S T E.

Je vais frapper ton frere & tu vivras captive,
Ma vengeance eſt entiere. Au bord de ſon cercueil,
Je te vois ſans effet abaiſſer ton orgueil.

CLITEMNESTRE.

Egifte, c'en eft trop, c'eft trop braver, peut-être,
Et la veuve & le fang du roi qui fut ton maître ;
Je défendrai mon fils & malgré tes fureurs
Tu trouveras fa mere encor plus que fes fœurs.
Que veux - tu ? ta grandeur que rien ne peut
          détruire, .
Orefte en ta puiffance & qui ne peut te nuire,
Electre enfin foumife & prête à te fervir,
Iphife à tes genoux, rien ne peut te fléchir !
Va, de tes cruautés je fus affez complice,
Je t'ai fait en ces lieux un trop grand facrifice ;
Faut-il pour t'affermir dans ce funefte rang
T'abandonner encor le plus pur de mon fang ?
N'aurai-je donc jamais qu'un époux parricide !
L'un maffacre ma fille aux campagnes d'Aulide,
L'autre m'arrache un fils & l'égorge à mes yeux,
Sur la cendre du pere, à l'afpect de fes Dieux.
Tombe avec moi plutôt ce fatal diadême,
Odieux à la Grece, & pefant à moi-même !
Je t'aimai, tu le fçais, c'eft un de mes forfaits,
Et le crime fubfifte ainfi que mes bienfaits ;
Mais enfin de mon fang mes mains feront avares :
Je l'ai trop prodigué pour des époux barbares :
J'arrêterai ton bras levé pour le verfer :
Tremble, tu me connais... tremble de m'offenfer ;

Nos nœuds me font facrés & ta grandeur m'eft
    chere ;
Mais Orefte eft mon fils, arrête & crains fa mere.

ELECTRE.

Vous paffez mon efpoir. Non, Madame, jamais
Le fonds de votre cœur n'a conçu les forfaits.
Continuez, vengez vos enfans & mon pere.

EGISTE.

Vous comblez la mefure, efclave téméraire.
Quoi donc, d'Agamemnon la veuve & les enfans
Arrêteroient mes coups par des cris menaçans !
Quel démon vous aveugle, ô Reine malheureufe,
Et de qui prenez-vous la défenfe odieufe ?
Contre qui, jufte Ciel.... obéiffez, courez,
Que tous deux dans l'inftant à la mort foient
    livrés.

SCENE IV.

ÉGISTE, CLITEMNESTRE, ELECTRE,

IPHISE, DIMAS.

DIMAS.

Seigneur ?

EGISTE.

Parlez. Quel est ce désordre funeste ?
Vous vous troublez.

DIMAS.

On vient de reconnaître Oreste.

IPHISE.

Lui, lui ?

CLITEMNESTRE.

Mon fils ?

ELECTRE.

Mon frere ?

EGISTE.

Eh bien, est-il puni ?

DIMAS.

Paraissez ; c'est à vous, Seigneur, d'être obéi ;
Oreste s'est nommé dès qu'il a vû Pammene.
Pilade, cet ami qui partage sa chaîne,

Montre aux soldats émus le fils d'Agamemnon;
Et je crains la pitié pour cet auguste nom.

EGISTE.

Allons, je vais paraître & presser leur supplice.
Qui n'ose me venger sentira ma justice.
Vous, retenez ses sœurs, & vous suivez mes pas,
Le sang d'Agamemnon ne m'épouvante pas;
Quels mortels & quels Dieux pourraient sauver Oreste
Du pere de Plistene & du fils de Thieste !

SCENE V.

CLITEMNESTRE, ELECTRE, IPHISE.

IPHISE.

Suivez-le, montrez-vous, ne craignez rien, parlez;
Portez les derniers coups dans les cœurs ébranlés.

ELECTRE.

Au nom de la nature achevez votre ouvrage,
De Clitemnestre enfin déployez le courage;
Volez, conduisez-nous.

CLITEMNESTRE.

Mes filles, ces soldats
Me respectent à peine & retiennent vos pas,

Demeurez, c'eſt à moi dans ce moment ſi triſte
De répondre des jours & d'Oreſte & d'Egiſte ;
Je ſuis épouſe & mere, & je veux à la fois,
(Si j'en peux être digne) en remplir tous les droits.
Elle ſort.

SCENE VI.
ELECTRE, IPHISE.
IPHISE.

AH! le Dieu qui nous perd en ſa rigueur perſiſte ;
En défendant Oreſte elle ménage Egiſte ;
Les cris de la pitié, du ſang & des remords
Seront contre un tiran d'inutiles efforts.
Egiſte furieux & brulant de vengeance,
Conſomme ſes forfaits pour ſa propre défenſe ;
Il condamne, il eſt maître, il frappe, il faut périr.

ELECTRE.

Et j'ai pû le prier avant que de mourir !
Je deſcends dans la tombe avec cette infamie,
Avec le déſeſpoir de m'être démentie !
J'ai ſupplié ce monſtre, & j'ai hâté ſes coups.
Tout ce qui dût ſervir s'eſt tourné contre nous.
Que font tous ces amis dont ſe vantoit Pammene,
Ces peuples dont Egiſte a ſoulevé la haine,

Ces Dieux qui de mon frere armoient le bras vengeur,
Et qui lui défendoient de confoler fa fœur ;
Ces filles de la nuit dont les mains infernales
Secouoient leurs flambeaux fous ces voutes fatales ?
Quoi ! la nature entiere en ce jour de terreur
Paraiffoit à ma voix s'armer en ma faveur :
Et tout eft pour Egifte & mon frere eft fans vie ,
Et les Dieux , les mortels , & l'enfer m'ont trahie !

***

S C E N E VII.

ELECTRE, PILADE, IPHISE.

ELECTRE.

EN eft-ce fait , Pilade?

PILADE.

                Oui, tout eft accompli ;
Tout change, Electre eft libre , & le ciel obéi.

ELECTRE.

Comment.

PILADE.

      Orefte regne , & c'eft lui qui m'envoie.

IPHISE.

Juftes Dieux !

ELECTRE.

          Je fuccombe à l'excès de ma joie ;
Orefte ? eft-il poffible ?

PILADE.

Oreste tout-puissant
Va venger sa famille & le sang innocent.

ELECTRE.

Quel miracle a produit un destin si prospere ?

PILADE.

Son courage, son nom, le nom de votre pere,
Le vôtre, vos vertus, l'excès de vos malheurs,
La pitié, la justice, un Dieu qui parle aux cœurs.
Par les ordres d'Egiste on amenoit à peine,
Pour mourir avec nous, le fidéle Pammene ;
Tout un peuple suivoit, morne, glacé d'horreur ;
J'entrevoyois sa rage à travers sa terreur ;
La garde retenoit leurs fureurs interdites ;
Oreste se tournant vers ses fiers satellites,
Immolez, a-t'il dit, le dernier de vos rois :
L'osez-vous ? A ces mots, au son de cette voix,
A ce front où brilloit la majesté suprême,
Nous avons tous crû voir Agamemnon lui-même,
Qui perçant du tombeau les gouffres éternels
Revenoit en ces lieux commander aux mortels.
Je parle, tout s'émeut, l'amitié persuade ;
On respecte les nœuds d'Oreste & de Pilade ;
Des soldats avançoient pour nous envelopper,
Ils ont levé le bras, & n'ont osé frapper :

Nous sommes entourés d'une foule attendrie ;
Le zèle s'enhardit, l'amour devient furie.
Dans les bras de ce peuple Oreste étoit porté.
Egiste avec les siens d'un pas précipité ,
Vole, croit le punir, arrive , & voit son maître.
J'ai vû tout son orgueil à l'instant disparaître ,
Ses esclaves le fuir , ses amis le quitter ,
Dans sa confusion ses soldats l'insulter.
O jour d'un grand exemple ! ô justice suprême !
Des fers que nous portions il est chargé lui-même ;
La seule Clitemnestre accompagne ses pas ,
Le protége, l'arrache aux fureurs des soldats,
Se jette au milieu d'eux & d'un front intrépide
A la fureur commune enleve le perfide ,
Le tient entre ses bras, s'expose à tous les coups ,
Et conjure son fils d'épargner son époux :
Oreste parle au peuple , il respecte sa mere ,
Il remplit les devoirs & de fils & de frere :
A peine délivré du fer de l'ennemi
C'est un roi triomphant sur son trône affermi.

IPHISE.

Courons , venez orner ce triomphe d'un frere ,
Voyons Oreste heureux & consolons ma mere.

ELECTRE.

Quel bonheur inoui par les Dieux envoyé !
Protecteur de mon sang, héros de l'amitié
Venez.

PILADE *à sa suite.*

Brisez, amis, ces chaînes si cruelles,
Fers tombez de ses mains, le sceptre est fait pour elles.
On lui ôte ses chaînes.

SCENE VIII.

ELECTRE, IPHISE, PILADE, PAMMENE.

ELECTRE.

AH Pammene! où trouver mon frere, mon vengeur,
Pourquoi ne vient-il pas ?

PAMMENE.

Ce moment de terreur
Est destiné, Madame, à ce grand sacrifice
Que la cendre d'un pere attend de sa justice :
Tel est l'ordre qu'il suit. Cette tombe est l'autel
Où sa main doit verser le sang du criminel ;
Daignez l'attendre ici tandis qu'il venge un pere.
Ce devoir redoutable est juste & nécessaire.
Mais ce spectacle horrible auroit souillé vos yeux ;
Vous connaissez les loix qu'Argos tient de ses Dieux :
Elles ne souffrent point que vos mains innocentes
Avant le tems prescrit pressent ses mains sanglantes.

IPHISE.

Mais que fait Clitemneftre en ce comble d'horreur?
Voyons-la.

PAMMENE.

Clitemneftre en proie à fa fureur,
De fon indigne époux défend encor la vie;
Elle oppofe à fon fils une main trop hardie.
Pour ce grand criminel qui touche à fon trépas
Elle demande grace & ne l'obtiendra pas.
On dit que dans ce trouble on voit les Eumenides,
Sourdes à la priere & de meurtres avides,
Miniftres des arrêts prononcés par le fort,
Marcher autour d'Orefte en appellant la mort.

*   IPHISE.

Jour terrible & fanglant foyez un jour de grace;
Terminez les malheurs attachés à ma race.
Ah ma sœur! ah Pilade! entendez-vous ces cris?

ELECTRE.

C'eft ma mere!

PAMMENE.

Elle-même.

CLITEMNESTRE *derriere la fcène.*

Arrête!

IPHISE.

Ciel!

CLITEMNESTRE.

Mon fils!

ELECTRE

E L E C T R E.

Il frape Egifte. Acheve, & fois inéxorable ;
Venge nous, venge la ; tranche un nœud fi coupable ;
Immole entre fes bras cet infame affaffin.
Frape, dis-je.

C L I T E M N E S T R E.

Mon fils... j'expire de ta main.

P I L A D E.

O deftinée !

I P H I S E.

O crime !

E L E C T R E.

Ah, trop malheureux frere !
Quel forfait a puni les forfaits de ma mere !
Jour à jamais affreux !

S C E N E I X.

Les Acteurs précédens, O R E S T E.

O R E S T E.

O Terre entr'ouvre-toi ;
Clitemneftre, Tantale, Atrée, attendez-moi.
Je vous fuis aux enfers éternelles victimes ;
Je difpute avec vous de tourmens & de crimes.

ELECTRE.

Qu'avez-vous fait , cruel ?

ORESTE.

Elle a voulu fauver...

Et les frapant tous deux... je ne puis achever...

ELECTRE.

Quoi ! de la main d'un fils ! quoi , par ce coup funefte
Vous ? ...

ORESTE.

Non, ce n'eft pas moi ; non, ce n'eft point Orefte,
Un pouvoir effroyable a feul conduit mes coups.
Exécrable inftrument d'un éternel couroux ,
Banni de mon pays par le meurtre d'un pere ,
Banni du monde entier par celui de ma mere ,
Patrie , états , parens , que je remplis d'effroi ,
Innocence , amitié , tout eft perdu pour moi !
Soleil qu'épouvanta cette affreufe contrée ,
Soleil qui reculas pour le feftin d'Atrée ,
Tu luis encor pour moi , tu luis pour ces climats ?
Dans l'éternelle nuit tu ne nous plonges pas ?
Eh bien , Dieux de l'enfer , puiffance impitoyable ,
Dieux qui me puniffez , qui m'avez fait coupable ,
Eh bien , quel eft l'éxil que vous me deftinez ?
Quel eft le nouveau crime où vous me condamnez ?
Parlez... Vous prononcez le nom de la Tauride ;
J'y cours , j'y vais trouver la prêtreffe homicide

Qui n'offre que du sang à des Dieux en courroux,
A des Dieux moins cruels, moins barbares que vous.
ELECTRE.
Demeurez. Conjurez leur justice & leur haine.
PILADE.
Je te suivrai par-tout où leur fureur t'entraîne.
Que l'amitié triomphe, en ce jour odieux,
Des malheurs des mortels & du couroux des Dieux.

Fin du cinquiéme & dernier Acte.

---

* Quoique cette catastrophe, imitée de Sophocle, soit sans aucune comparaison plus théatrale & plus tragique que l'autre maniere dont on a joué la fin de la piéce, cependant j'ai été obligé de préférer sur le théâtre cette seconde leçon, toute faible qu'elle est, à la premiere. Rien n'est plus aisé & plus commun parmi nous que de jetter du ridicule sur une action théatrale à laquelle on n'est pas accoutumé. Les cris de Clitemnestre, qui faisoient frémir les Athéniens, auroient pû sur un théâtre mal construit, & confusément rempli de jeunes gens, faire rire des Français, & c'est ce que prétendoit une cabale un peu violente. Cette action théatrale a fait beaucoup d'effet à Versailles, parce que la scène, quoique trop étroite, étoit libre, & que

le fonds plus rapproché laiſſoit entendre
Clitemneſtre avec plus de terreur, & ren-
doit ſa mort plus préſente ; mais je doute
que l'éxécution eut pû réuſſir à Paris.

Voici donc la maniere dont on a gâté la
fin de la piéce de Sophoclé :

On dit que dans ce trouble on voit les Eumenides

Sourdes à la priere, & de vengeance avides,

Miniſtres des arrêts prononcés par le ſort,

Marcher autour d'Oreſte en appellant la mort.

IPHISE.

Il vient ; il eſt vengé ; je le vois.

ELECTRE.

Cher Oreſte,

Je peux vous embraſſer : Dieux ! quel accueil funeſte,

Quels regards effrayans.

ORESTE.

O terre entr'ouvre-toi :

Clitemneſtre, Tantale, Atrée, attendez-moi,

Je vous ſuis aux enfers, éternelles victimes.

&c.